약해도 은혜 때문에

약해도 은혜 때문에

발행 2025년 7월 25일

지은이 백윤영
발행인 윤상문
편집인 이은혜, 이대순
디자인 박진경, 표소영
발행처 킹덤북스
등록 제2009-29호(2009년 10월 19일)
주소 경기도 용인시 기흥구 동백동 622-2
문의 전화 031-275-0196 팩스 031-275-0296

ISBN 979-11-5886-339-5 (03230)

Copyright ⓒ 2025 백윤영
이 책은 저작권법에 따라 보호받는 저작물이므로 무단전재와 복제를 금지하며,
이 책의 내용의 전부 또는 일부를 이용하려면 반드시 저작권자와 킹덤북스의
서면 동의를 받아야 합니다.

※ 잘못된 책은 구입하신 곳에서 교환하여 드립니다.
※ 책 가격은 표지 뒷면에 있습니다.

킹덤북스(Kingdom Books)는 문서 사역을 통해 하나님의 나라를 확장하고,
한국 교회와 세계 교회를 섬기고자 설립된 출판사입니다.

약해도 은혜 때문에

백윤영 지음

**하나님의 위대한 은혜 이야기
은혜로 살아가는 공동체의 생생한 증언**

우리가 넘어져도 다시 일어설 수 있는 것은 은혜 때문입니다. 약해도 완주할 수 있는 이유는 은혜 때문입니다. 달려갈 길을 마치는 것도 오직 은혜로만 가능합니다. 은혜가 답입니다.

킹덤북스
KINGDOM BOOKS

머리말

저는 지금도 2009년 11월 9일, 광주청사교회에 부임하던 그날을 선명히 기억합니다. 많은 사람들이 물어 왔습니다.

"왜 광주에 가려는가?"

"왜 우리 교회에 오려고 하는가?"

솔직히 말하면 저도 마음 한구석이 떨리고 두려웠습니다. 하지만 최종 면접 자리에서 덤덤히 말했습니다.

"주님이 가라시니…."

부임 후 강단에 설 때마다 떨리는 마음으로 외쳤습니다.

"여러분, 새벽기도에 생명을 겁시다. 반드시 광주의 장자교회가 될 것입니다."

새벽 영성으로 무장된 능력의 종이 외치는 대단한 고백이 아니었습니다. 벼랑 끝에서 외치는 처절한 절규였습니다. 놀랍게 우리 교회는 그 고백을 붙들었습니다. 비판과 정죄를 멈추고 새벽 용사로의 변화를 결단했습니다. 저는 은행 독촉장을 품고 "주님, 이 교회를 살려주십시오!" 눈물로 기도하던 날들, 믿어 왔던 사람들이 떠나는 상황에서도 "우리 동네는 국제도시가 됩니다.", "우리 교회는 세계적인 교회가 될 것입니다." 외칠 때 "아멘" 한 성도들을 결코 잊지 못합니다.

지금 우리 광주청사교회가 존재하는 이유는 오직 은혜 때문입니다. 살아남음도, 다시 일어섬도, 사역의 확장도 모두 은혜였습니다. 이 책에 담긴 이야기들은 어떤 목회적 이론이 아닙니다. 한 없이 부족한 종의 눈물, 순결한 공동체의 사랑과 섬김, 무엇보다 우리가 늘 자랑처럼 외치는 은혜의 기록들입니다. 하나님이 사랑하셨고, 하나님이 놓지 않으셨기에 여기까지 온 것입니다.

우리가 넘어져도 다시 일어설 수 있는 것은 은혜 때문입니다. 약해도 완주할 수 있는 이유는 은혜입니다. 달려갈 길을 마치는 것도 오직 은혜로만 가능합니다. 포기하면 안 됩니다. 손을 늘어뜨리면 안 됩니다. 두 손을 들고 은혜를 구해야 합니다. 은혜, 은혜, 은혜가 답입니다. 은혜가 결론이고, 은혜가 자랑입니다. 구원의 은혜, 회복의 은혜, 써 주심의 은혜, 승리의 은혜.

이번에도 책 출간을 위해 헌금해 주시고, 응원해 주신 마룻바닥기도회의 대표 주자이신 구상열 목사님과 사랑하는 여러 청사 가족들께(강성은 고연우 곽한나 구바롬 권병채 김기동 김기억 김라엘 김수한 김영문 김에덴 김옥정 김주아 김지현 김찬용 김하성 노병완 노영진 박주영 박중서 박회열 서재심 송기계 송승관 양승용 오설자 오찬빈 오해빈 위성목 이경은 이길순 이동환 임득균 임애순 장길복 조복형 조하론 정미리 진선미 최운호 최이삭 최창호 한계환 한미숙 한샘.수.이레 홍순금/*가나다순) 깊은 감사를 전합니다. 역사적인 헌신들이 될 것 같아 일일이 이름을 밝혔습니다. 아울러 여러 위기 속에서도 여전히 강건함으로 기도의 자리, 어른의 자리를 지켜주신 아버지 백정석 목사님, 어머니 조심례 사모님, 장인 한계환 장로님, 장모 김경숙 전도사님께 존경을 표합니다. 함께 지붕을 뜯어 한 영혼을 위해 땀과 눈물을 쏟아주신 우리 장로님들과 사역자들을 진심으로 사랑합니다. 언제나 제게 친구이자 위로자인 아내 한지현, 사역의 계승자인 두 아들 두민, 은민과 주님 오시는 그날까지 행복한 동행을 이어가고 싶습니다. 끝으로 책 출간을 부추겨 주시고 멋진 작품으로 출간해 주신 킹덤북스(Kingdom Books) 윤상문 대표님과 특별한 작품으로 책 표지를 입혀 주신 조정숙 작가님께도 감사를 드립니다.

2025년 7월 7일
광산구 우산동, 광주청사교회에서
저자 백윤영 목사

(목차)

머리말 • 04

PART 01

구원의 은혜 • 09

1. 사울의 집에 아직도 남은 사람이 있느냐? (삼하 9:1)
2. 은혜의 선물, 구원 (엡 2:8)
3. 반드시 한 섬에 걸리리라 (행 27:26)
4. 복의 세 얼굴 (민 6:24-26)

PART 02

회복의 은혜 • 57

1. 네가 낫고자 하느냐? (요 5:6)
2. 그들의 믿음을 보시고 (막 2장)
3. 아버지께 돌아온 둘째 아들 (눅 15:20)
4. 큰 폭풍 가운데 선 요나 (욘 1:12)
5. 남았더라 (룻 1:5)

PART 03

쓰임 받음의 은혜 • 107

1. 주가 쓰시겠다 하라 (마 21:2-3)
2. 우리가 이 보배를 질그릇에 가졌으니 (고후 4:7)
3. 엘리와 사무엘 (삼상 3:1)
4. 더 받을 줄 알았더니 (마 20:10)

PART 04
승리의 은혜 • 147
1. 전쟁은 여호와께 속한 것이다 (삼상 17:47)
2. 아내, 자녀, 어린이와 더불어 여호와 앞에 섰더라 (대하 20:13)
3. 그 편지를 펴 놓고 기도하여 이르되 (왕하 19:14-15)
4. 작은 능력을 가지고도 배반하지 아니한 교회 (계 3:8)
5. 잘 달린 인생 (딤후 4:6:7)

PART 05
고백되어야 할 은혜 • 199
1. 은혜는 감사로 고백되어야 한다 (눅 17:15-16)
2. 나는 여호와로 말미암아 즐거워하리로다 (합 3:18)

PART 01

구원의 은혜

01

사울의 집에 아직도 남은 사람이 있느냐?

"다윗이 이르되 사울의 집에 아직도 남은 사람이 있느냐 내가 요나단으로 말미암아 그 사람에게 은총을 베풀리라 하니라." (삼하 9:1)

죽어 마땅할 므비보셋에게 임한 놀라운 은혜

사무엘하 9장은 은혜에 관한 이야기입니다. 죽어야 할 사람이 살아나고, 버려진 인생이 왕자처럼 일으켜 세워지는 이야기입니다. 므비보셋이 누구입니까? 그는 다리를 저는 사울 왕가의 후손입니다. 힘없는 사람의 전형입니다. 새 왕조를 세운 다윗에게 있어서 므비보셋은 사라져야 할 이름이었습니다. 왕권을 위협할지도 모를 존재, 그래서 언제든 숙청되어야 할 과거의 그림자 1호였습니다. 이런 현상은 동서고금을 막론하고 정권이 바뀌면 일어나는 상식적인 일이었습니다. 그런데 놀랍게도 본문의 이야기는 므비보셋이 새로운 인생을 살아가는 것으로 끝을 맺습니다. 그래서 감동이 있습니다. 깊이 묵상하면 눈물이 납니다.

므비보셋은 태어나면서부터 왕족이었습니다. 사울 왕의 손자요, 요나단의 아들. 모든 것이 보장된 듯했습니다. 그러나 인생은 한순간에 바뀌었습니다. 전쟁의 소식이 들려왔습니다. 아버지와 할아버지가 전사했다는 소식. 놀란 유모가 므비보셋을 급히 안고 도망쳤습니다. 그러나 그 과정에서 아이를 떨어뜨리고 말았습니다. 그 결과 므비보셋은 두 다리를 절게 되었습니다.

"사울의 아들 요나단에게 다리 저는 아들 하나가 있었으니 이름은 므비보셋이라. 전에 사울과 요나단이 죽은 소식이 이스르엘에서 올 때에 그의 나이가 다섯 살이었는데, 그 유모가 안고 도망할 때 급히 도망하다가 아이가 떨어져 절게 되었더라." (삼하 4:4)

어린 나이에 그는 모든 것을 잃었습니다. 가족도, 미래도, 명예도. 한때는 왕족으로 모든 것을 가진 고귀한 신분이었지만, 이제는 절뚝거리며 목숨을 구걸하며 숨어 살아야 하는 비참한 인생이 되었습니다. 므비보셋이 머물게 된 곳은 로드발(Lo-debar, לֹא דְבָר). '풀도 없고, 생명도 없는 곳'이라는 뜻의 땅이었습니다. 로드

발은 절망의 상징입니다. 무너진 꿈들이 모여 있는 땅입니다. 한때 왕족이었던 므비보셋은 이제 이름조차 기억되지 않는 난민처럼 숨어 살아야 했습니다. 로드발의 침묵 속에서 그는 매일 이렇게 속삭였을지 모릅니다.

"나는 아무것도 아니다. 나는 비참하게 버려졌다."

므비보셋에게는 희망이 없었습니다. 그저 살아 있는 것, 숨 쉬는 것만이 그의 삶의 전부였습니다. 모든 것이 끝난 것 같던 그때, 믿을 수 없는 부름이 들려왔습니다. 다윗 왕이 므비보셋을 찾았습니다. 죽이기 위해서가 아니라 사랑을 베풀기 위해서였습니다.

"다윗이 이르되 사울의 집에 아직도 남은 사람이 있느냐 내가 요나단으로 말미암아 그 사람에게 은총을 베풀리라 하니라." (삼하 9:1)

믿을 수 없는 이야기입니다. 왕권을 위협할 수 있는 사울의 후손을 찾는다니. 이 세상에서는 있을 수 없는 일입니다. 그러나 하나님의 은혜는 세상의 논리를 거스릅니다. 믿음도 아니고, 행위도 아니고, 공로도 아닌, 오직 사랑 때문에 므비보셋은 부름을 받았습니다. 므비보셋은 다윗 앞에 나아갑니다. 떨리는 다리로,

절뚝거리는 몸으로, 죽음을 각오하고. 그는 스스로 죽어 마땅한 존재라는 것을 알았습니다. 그런데 놀랍게도 그를 기다리고 있던 것은 죽음이 아니라 극진한 사랑이었습니다.

다윗은 므비보셋을 보며 이렇게 말합니다.

"무서워하지 말라. 내가 반드시 네 아버지 요나단으로 말미암아 네게 은총을 베풀리라. 내가 네 할아버지 사울의 모든 밭을 다 네게 도로 주겠고, 또 너는 항상 내 상에서 떡을 먹을지니라 하니." (삼하 9:7)

놀라운 선언입니다. 므비보셋은 그 자리에서 절하며 고백합니다.

"그가 절하여 이르되 이 종이 무엇이기에 왕께서 죽은 개 같은 나를 돌아보시나이까 하니라." (삼하 9:8)

이스라엘 문화에서 개는 부정하고 천한 존재였습니다. 그런데 '죽은 개'라니. 그것은 존재의 가치를 완전히 상실한 상태를 의미합니다. 므비보셋은 자신을 그렇게 평가했습니다.

"나는 아무 가치 없는 존재입니다. 나는 살아 있어도 살아 있는 것이 아닙니다."

"하나님의 사랑은, 내가 아무것도 아닐 때에도 나를 바라보고 계신다." (찰스 스펄전, 『약한 자를 위한 은혜』, 생명의말씀사, 2015, 92)

므비보셋은 죽어야 할 자리에서 왕의 식탁으로 초대되었습니다. 그날 이후 므비보셋은 매일 왕의 식탁에 앉았습니다. 왕자들과 함께 식사했습니다. 존귀한 자로 대우받았습니다. 그는 여전히 다리를 절었습니다. 절뚝거리는 모습은 변하지 않았습니다. 그러나 그의 인생의 자리는 완전히 달라졌습니다. 이제 그는 로드발이 아니라 왕의 궁전 안에서 살아가는 사람이 되었습니다. 믿음이 아니었습니다. 노력이 아니었습니다. 오직 사랑. 오직 은혜였습니다.

"하나님의 은혜는, 우리를 있는 모습 그대로 초대하시고, 그 사랑 안에서 새롭게 하신다." (브레넌 매닝, 『하나님의 은혜에 뛰어들다』, 포이에마, 2016, 114)

하지만 므비보셋은 자신이 누구인지, 어디에서 왔는지를 항상 잊지 않았습니다. 아마도 그는 왕의 식탁에 앉을 때마다 자신이 죽은 개 같던 존재였음을 기억하며 다음과 같이 고백했을 것입니다.

"이 자리는 내가 얻은 것이 아니라 은혜로 주어진 자리다."

"하나님의 사랑은, 우리의 상처와 실패를 초월하여 우리를 새롭게 하신다." (필립 얀시, 『놀라운 하나님의 은혜』, IVP, 2001, 129)

뿐만 아니라 어느 순간부터 므비보셋은 자신의 절뚝거림을 부끄러워하지 않았을 것 같습니다. 오히려 그것이 자신이 받은 은혜의 깊이를 더 선명하게 보여주는 외적 증거가 되었을 것이기 때문입니다. 그의 인생은 더 이상 '무엇을 성취했느냐'로 평가되지 않았습니다. 오직 그의 인생은 '누구에게 사랑받았느냐'로 정의되었습니다.

므비보셋 이야기는 특별히 나의 이야기

므비보셋이 누린 은혜의 역사는 그저 먼 옛날의 전설이 아닙니다. 특별히 저의 이야기입니다. 저는 목사의 아들로 자랐습니다. 대형 교회는 아니었지만 아버지는 평생을 묵묵히 목회의 길을 걸으셨고, 마침내 그 여정을 '부흥'이라는 열매로 마무리하셨습니다. 지금은 은퇴하셔서 함께 광주청사교회를 섬기고 계십니다. 새벽마다 무릎으로 기도하시는 아버지는 저에게 '마룻바닥영성'을 선물로 주신 분입니다.

하지만 그런 가정의 배경 속에서도 제 내면에는 오랜 갈등이 있었습니다. 평범하게 살고 싶지 않았습니다. 세상을 호령하며 크게, 멋지게, 누리며 살고 싶었습니다. 그러나 목회의 길은 그러한 꿈을 접어야만 하는 좁고 험한 길로 여겨졌습니다. 갈등을 정리하고 신학교에 들어갔지만 또 하나의 싸움이 기다리고 있었습니다. 사람들과의 단절, 그것이 가장 큰 힘든 싸움이었습니다. 내가 선택한 이 길을 함께 걸어줄 이가 없다는 외로움이 너무 컸습니다.

그때, 하나님은 제게 한 사람을 선물처럼 보내 주셨습니다. 신학대학원 실천신학부 설교학 교수님이었습니다. 그는 설교의 사람, 설교의 광인이었습니다. 제가 설교학을 전공하게 되고, 지금 모교에서 설교학 교수로 서게 된 것은 모두 그분과의 만남에서 시작되었습니다. 당시 첫 수업의 전율을 아직도 기억합니다.

"교회의 문제는 목사의 문제이고, 목사의 문제는 설교의 문제입니다."

"난 외로울 때마다 설교를 씁니다. 설교를 통해 나의 외로움과 슬픔을 견뎌냅니다."

"우리의 소원은 설교, 꿈에도 소원은 설교, 이 교회 살리는 설교, 온 성도 살리는 설교, 설교를 잘하자." (수업 중 '우리의 소원은 통일'의 가사에 설교를 넣어 부르시며)

이런 가르침에 큰 감동을 받아 편지를 썼습니다. 그 편지가 인연이 되어, 서울 목양교회에서 부교역자로 8년을 섬기게 되었습니다. 우리는 그 시절을 '실미도' 같았다고 회상합니다. 훈련의 강도가 만만치 않았기 때문입니다. 하지만 저는 그 8년의 시간 동안 말로 다 표현할 수 없는 은혜를 입었습니다. 지방 출신인 저에게 서울 잠실에서의 첫 사역은 감히 상상도 못한 일이었습니다. 목사님의 신뢰는 한이 없었습니다. 신학교 재학 중이던 교육전도사였던 저를 부목사처럼 대우해 주셨고, 능력껏 사역을 펼칠 수 있도록 믿고 맡겨주셨습니다. 미국으로 데려가 설교도 하게 하셨고, 각종 세미나도 인도하게 하셨습니다. 기도회 인도는 물론 참여자들에게 안수까지 담당하게 하셨습니다. 심지어 서울 소재의 대학원에 진학시켜 기독교 교육과 복지 행정을 공부하게 하셨고, 학비까지 지원해 주셨습니다. 그리고 무엇보다 놀라운 것은, 저 같은 부교역자에게 200개가 넘는 교회의 부흥회와 세미나를 인도하게 하셨다는 사실입니다. 주일까지도 말입니다. 지금 돌이켜보면 마치 므비보셋과 같은 제가 왕의 식탁에 초대 받아 앉은 것과 같았습니다. 감히 상상할 수 없는 은혜였습니다.

광주청사교회 담임목사로 부름 받은 은혜

그렇게 서울 목양교회에서 사역을 마무리할 즈음, 광주청사교회 담임목사로 청빙을 받게 되었습니다. 여러 차례 고백을 드렸듯이 58통의 이력서 중 제 것은 없었습니다. 그저 한 편의 설교를 했을 뿐인데 온 교회가 마음을 모아 저를 두 번째 담임목사로 세워주셨습니다. 지금껏 받은 사랑은 말로 다 표현할 수 없습니다.

돌아보면, 저는 분명히 절뚝거리는 자였습니다. 넘어지고, 상처가 충만한 인생이었습니다. 지금도 제 안에는 그 흔적들이 남아 있습니다. 그러나 놀랍게도 하나님은 저를 버리지 않으셨습니다. 죽어야 할 자리에 있던 저를 찾아 오셨고, 왕의 식탁으로 초대하셨습니다. 바울의 고백대로 아직 죄인 되었을 때에 하나님은 사랑을 확증해 주셨습니다.

> "우리가 아직 죄인 되었을 때에 그리스도께서 우리를 위하여 죽으심으로 하나님께서 우리에 대한 자기의 사랑을 확증하셨느니라." (롬 5:8)

다시 말하지만 믿음이 아니라 사랑입니다. 공로가 아니라 은혜입니다. 믿음의 여정은 내가 얼마나 잘났는지를 증명하는 길이 아니라, 누가 나를 사랑하셨는지를 기억하는 길입니다.

> "하나님은 상처 입은 자를 버리지 않으시고, 그 상처를 통해 사랑을 새기신다." (찰스 스펄전, 『약한 자를 위한 은혜』, 생명의말씀사, 2015, 91)

그래서 우리는 오늘도 절뚝거리면서도 사랑받은 자로 당당히 살아갈 수 있습니다. 하나님은 우리의 상처를 부끄러워하지 않으십니다. 오히려 그 상처 위에 이 세상을 힘있게 살아갈 수 있도록 사랑을 새기십니다. 그리고 오늘도 말씀하십니다.

"사울의 집에 아직도 남은 사람이 있느냐?"

이 부르심은 우리 모두를 향한 하나님의 음성입니다. 과거의 무너짐과 상처 속에 방황하고 있는 우리를 찾아오셔서, 생명의 자리로 이끄시는 은혜의 음성을 들려주십니다. 이제 누구든지 그 품으로 돌아가기만 하면 됩니다. 주님의 은총의 식탁이 지금도 우리를 기다리고 있습니다. 참된 안식과 평안, 기쁨과 회복이 거기 있습니다. 다시 살아나는 은혜가 거기 있습니다. 오늘도 우리는 왕자처럼, 공주처럼. 멋지고, 예쁘게 살아갈 수 있습니다. 오직 하나님의 사랑 안에서 말입니다.

02

은혜의 선물, 구원

"너희는 그 은혜에 의하여 믿음으로 말미암아 구원을 받았으니 이것은 너희에게서 난 것이 아니요 하나님의 선물이라." (엡 2:8)

구원은 하나님 은혜의 선물

가끔은 멈춰 서서 생각해 봐야 합니다.

"나는 왜 살아 있는가?"

"나는 어디로 가는가?"

"나는 무엇을 위해 존재하는가?"

이 모든 질문의 가장 깊은 뿌리에는 오직 한 가지 대답이 놓여 있습니다. 구원. 우리는 구원받은 자입니다. 그리고 구원은 하나님이 우리에게 주신 가장 큰 선물입니다.

> "구원은 인간이 쌓아 올린 탑이 아니라, 하나님이 내려오신 다리이다." - 존 스토트

바울은 분명히 말합니다.

> "너희는 그 은혜에 의하여 믿음으로 말미암아 구원을 받았으니, 이것은 너희에게서 난 것이 아니요 하나님의 선물이라." (엡 2:8)

구원은 인간 노력의 산물이 아닙니다. 구원은 우리의 땀의 대가가 아닙니다. 구원은 전적으로 하나님 은혜의 선물입니다.

> "구원은 인간의 성취가 아니라, 하나님의 전적인 주권과 사랑의 선언이다." - 마틴 로이드 존스

선물은 자격을 따지지 않습니다. 선물은 공로를 요구하지 않

습니다. 사랑하는 이에게 선물을 줄 때, 그 사람이 받을 자격이 있는지를 계산하지 않듯이, 하나님은 오직 사랑으로 우리에게 구원을 주셨습니다. 받기만 하면 됩니다. 겸손히, 감사히, 믿음으로.

바울은 에베소서 2장을 통해 인간의 본래 상태를 이렇게 진단합니다.

"허물과 죄로 죽었던 너희를 살리셨도다." (엡 2:1)

구원은 단지 인생이 조금 나아지는 사건이 아닙니다. 단지 삶이 편해지고, 감정이 회복되고, 환경이 개선되는 일이 아닙니다. 구원은 죽었던 인생이 다시 살아나는 부활의 사건입니다. 완전히 끝난 줄 알았던 존재가 완전히 새로워지는 시작입니다.

"구원은 망가진 삶을 수리하는 것이 아니다. 구원은 전혀 새로운 생명을 심는 것이다." - 헨리 나우웬

죄로 죽었던 우리. 소망 없이 세상을 떠돌던 우리. 진노의 자녀였던 우리가 사랑의 자녀로 다시 태어났습니다. 죽음에서 생명으로, 절망에서 소망으로 건너왔습니다.

"누구든지 그리스도 안에 있으면 새로운 피조물이라. 이전 것은 지나갔으니 보라 새 것이 되었도다." (고후 5:17)

사람들이 구원의 은혜를 잊어버리는 속도가 충격적임

문제는 우리가 이 복음 앞에서 감격하지 않는다는 것입니다. 구원이 너무 익숙해져버렸습니다. 왜일까요? 과거를 미화하기 때문입니다. 내가 얼마나 심각하게 죽어 있었는지를 잊어버렸기 때문입니다. 목회 현장에서 받는 가장 충격적인 경험 중 하나는 사람들이 구원의 은혜를 잊어버리는 속도입니다. 저는 광주에 오기 전에 서울에서 방과후 공부방 사역을 대대적으로 벌인 일이 있습니다. 그때 몰려든 학생들의 가정 환경은 정말 최악의 상황이었습니다. 부부 관계는 단절되어 있었고, 다양한 중독들로 가득했습니다. 그야말로 인생의 밑바닥에 빠져 헤어나오지 못하고 있었습니다. 그런데 하나님의 은혜가 임하자, 그런 가정들이 회복되기 시작했습니다. 기도가 살아나고, 예배가 회복되고, 삶이 정리되기 시작했습니다. 시간이 흘러, 그때를 회상하며 이야기를 꺼냈습니다. 그런데 놀랍게도 그들은 이렇게 말했습니다.

"그때요? 뭐… 그렇게까지 심각하진 않았죠."

"나름 힘들긴 했지만… 막장까진 아니었어요."

더 놀라운 사실은 자녀에 대해서도 같은 반응을 보인다는 것입니다.

"우리 애요? 그땐 좀 방황하긴 했지만, 그렇게까지 나쁘진 않았어요."

아닙니다. 정말 위험했습니다. 정신과 약을 먹고, 자해를 하고, 어둠 속에서 살고 있었습니다. 사망의 그늘 아래서 신음하는 비참한 존재였습니다. 그런데 인간은 그렇게도 과거를 미화합니다. 죽어 있었다는 사실을, 망가졌다는 현실을, 멸망으로 치닫고 있었다는 진실을 적당히 덮어버립니다. 그러니 구원의 감격이 사라집니다. 감격이 없으니, 순종도 억지입니다. 감동이 없으니, 헌신도 계산이 됩니다. 그래서 저는 '어메이징 그레이스(Amazing Grace)'보다 '나 같은 죄인 살리신'이라는 우리말 번역이 훨씬 더 정확하다고 생각합니다. 우리는 괜찮은 사람이 아니었습니다. 흠 하나 있는 정도가 아니라 완전히 죽어 있었던 자들이었습니다. 복음은 괜찮은 사람을 좀 더 좋게 만드는 처방 약이 아닙니다. 복음은 죽은 자를 살리는 생명의 능력입니다. 우리는 다시 기억해야 합니다.

"나는 죽었었다. 나는 끝났었다. 그런데 하나님이 나를 살리셨다."

이 고백이 회복될 때, 복음의 감격이 다시 살아납니다. 그리고 그 감격은 오늘도 우리를 다시 살아 있게 합니다. 바울은 거듭 강조합니다. 구원은 오직 은혜입니다. 우리가 한 일은 전혀 없습니다.

"행위에서 난 것이 아니니 이는 누구든지 자랑하지 못하게 함이라." (엡 2:9)

"구원은 나의 손이 이룬 것이 아니라, 주님의 손에 달린 것이다." - 찰스 스펄전

조금 더 선해졌다고, 조금 더 착하게 살았다고, 구원을 얻은 것이 아닙니다. 오직 하나님의 무조건적인 사랑, 오직 그리스도의 십자가, 오직 은혜입니다. 그러므로 우리는 더 이상 자랑할 수 없습니다. 오직 감사할 뿐입니다. 평생 감격의 노래를 불러야 합니다.

오랫동안 모든 죄 가운데 빠져
더럽기가 한량없던 우리들
아무 공로 없이 구원함을 얻어
하나님의 자녀 지금 되었네

주의 그 사랑 한량없도다

찬송할지어다 예수의 공로

주의 그 사랑 한량없도다

찬송할지어다 예수의 공로

(찬 284장, 오랫동안 모든 죄 가운데 빠져)

구원은 인생의 종착점이 아닌 선한 일을 위한 출발점

그런데 우리가 놓치지 말아야 할 것은 구원은 종착점이 아닙니다. 구원은 출발점입니다. 하나님은 우리를 선한 일의 통로로 부르셨습니다. 구원의 열매를 맺으며 살라고 부르셨습니다.

> "우리는 그가 만드신 바라 그리스도 예수 안에서 선한 일을 위하여 지으심을 받은 자니 이 일은 하나님이 전에 예비하사 우리로 그 가운데서 행하게 하려 하심이니라." (엡 2:10)

> "구원의 은혜를 받은 자는 반드시 삶으로 그 은혜를 드러낸다." - 짐 엘리엇

선한 일은 구원의 조건의 아닙니다. 선한 일은 구원의 결과입니다. 그래서 세상의 빛과 소금으로 살아야 합니다.

"이같이 너희 빛이 사람 앞에 비치게 하여 그들로 너희 착한 행실을 보고 하늘에 계신 너희 아버지께 영광을 돌리게 하라." (마 5:16)

구원은 나를 위한 것이 아닙니다. 구원은 세상을 위한 것입니다. 바울은 구원에 대해서 이야기하면서 구원 받은 자를 '하나님의 작품'이라고 부릅니다.

"우리는 그가 만드신 바라." (엡 2:10)

여기서 '만드신 바'는 헬라어로 '포이에마(ποίημα, God's masterpiece)'입니다. 이 단어에서 '시(詩, poem, poetry)'라는 뜻이 나왔습니다. 우리는 '하나님의 시'입니다. 우리는 '하나님의 걸작'입니다.

"당신은 하나님의 숨결로 쓰인 한 편의 시다." - 맥스 루케이도

하나님의 자녀는 타인과 비교할 수 없는 하나님의 걸작품(masterpiece)이요, 시(poem)다

때로는 삶이 비루하게 느껴질 때가 있습니다. 의미 없어 보이고, 가치 없다고 여겨질 때가 있습니다. 실패의 기록으로 하루를

마무리하고, 후회의 그림자로 아침을 시작할 때도 있습니다. 그러나 그럴 때일수록 반드시 기억해야 할 진리가 있습니다. 당신은 하나님의 걸작입니다. 하나님의 손으로 직접 빚어낸, 세상에 하나뿐인 작품입니다. 단지 만들어진 것이 아니라, 정성을 들여 창조된 존재입니다. 운율과 구절이 다르고, 길이도 표현도 다르지만, 그 자체로 완전한 시. 아름답고 유일한 시입니다. 구원받은 삶은 단지 죄에서 벗어난 삶이 아니라, 자신이 하나님의 시임을 믿고 살아가는 아름다운 삶입니다.

저는 설교학을 전공했습니다. 설교를 사랑했고, 설교를 잘하고 싶었습니다. 신학대학원 시절부터 주머니에 작은 설교 영감 메모장을 늘 가지고 다녔습니다. 외로울 때, 낙심될 때, 기도하며 설교를 썼습니다. 더 나은 설교를 위해 나름대로 몸부림을 치며 살아왔습니다. 유명한 설교자들의 채널을 구독하고, 수없이 듣고 분석하고, 따라해 보기도 했습니다. 하지만 그럴수록 자괴감이 몰려왔습니다. 외모가 그들처럼 출중하지 않았습니다. 인상도 썩 좋지 않았습니다. 무엇보다 강한 사투리가 섞인 제 말투가 너무 촌스럽게 느껴졌습니다. 위로하려 한 설교도 종종 화내는 것처럼 들렸습니다. 점점 위축되었습니다. 하나님께 따지듯 기도했던 적도 있습니다.

"왜 이렇게 만들어 놓고 설교하라 하시나요?"
"좀 더 부드럽게, 더 좋은 인상으로 지어주시지 그랬어요?"

그때 성령께서 제 마음에 이렇게 말씀하셨습니다.

"윤영아, 생긴 대로 살아라. 내가 너를 그렇게 만든 데에는 이유가 있단다. 너도 쓸 데가 있어 설교자로 세웠다."

이 말씀에 큰 위로가 밀려왔습니다. 누가 나를 불러낸 것이 아니라, 하나님이 설교자로 부르셨다는 사실이 제게 큰 힘이 되고 담대한 확신을 갖게 되었습니다. 외모도, 말투도, 인상도 하나님이 의도하신 대로 지으신 것이라면, 그것은 나만의 색깔이고, 하나님의 손길이 닿은 흔적입니다. 그때부터 저는 더 이상 '남들처럼' 설교하려 애쓰지 않습니다. 대신 '나답게' 설교하기로 했습니다. 그렇다고 해서 설교 공부를 게을리 한 것은 아닙니다. 지금도 매일 설교를 잘하기 위해 노력합니다. 설교 후에는 반드시 모니터링을 합니다. 아내에게도, 아들들에게도 피드백을 구합니다. 부족하지만 날마다 자라나고 싶기 때문입니다. 한가지 감사한 것은 어느 순간부터 제 설교에도 분명한 특징이 생겨나기 시작했다는 사실입니다. 저의 설교는 어렵지 않습니다. 적용이 명확합니다. 누구나 쉽게 이해할 수 있는 삶의 언어로 말합니다.

어떤 분은 제 설교를 '사이다 설교'라고 부르며 좋아합니다. 복잡하게 돌리지 않고, 핵심을 찌르며, 삶의 현장에서 바로 살아낼 수 있도록 전해주니 좋다는 것입니다.

이젠 더 이상 비교하지 않기로 했습니다. 어제의 나와 오늘의 나만 비교합니다. 어제보다 오늘 더 하나님의 말씀에 붙들려 살아가고 있다면, 그것으로 충분합니다. 만약 계속 비교했다면 저는 열등감과 자괴감 속에서 사명을 포기했을지도 모릅니다. 그러나 이제 저는 담대히 설교자로 살아가고 있습니다. 나를 빚으신 하나님의 손길을 신뢰하기 때문입니다. 내가 얼마나 설교를 잘하는가보다 중요한 것은 내가 '하나님의 시'라는 사실을 믿고 사는가입니다. 나는 설교자 이전에 창조자 하나님의 시입니다. 하나님은 내 인생 전체를 한 편의 찬송시로 엮어가고 계십니다. 고통의 구절도 있고, 눈물의 운율도 있습니다. 그러나 그 모든 것을 엮어 아름다운 하나의 메시지로 빚어 가시는 분이 살아계신 하나님이십니다.

혹시 지금 당신이 의기소침하여 살아야 할 삶의 이유를 잃었다면 또 자신의 외모나 성격, 능력 때문에 작아지고 있다면, 이 한마디를 가슴에 새기십시오.

"나는 하나님의 시다."

당신의 오늘이 초라하게 느껴져도 괜찮습니다. 실수와 실패가 겹쳐도 괜찮습니다. 하나님은 지금도 당신의 인생을 다듬고 계십니다. 어떤 시는 눈물로 쓰이고, 어떤 시는 침묵으로 채워집니다. 그러나 그 모든 구절은 하나님의 사랑 안에서 완성될 것입니다. 다시 말하지만 구원은 하나님의 선물입니다. 자랑할 것이 없습니다. 아울러 구원은 조금 좋아진 일이 아닙니다. 죽었던 인생이 다시 살아난 신비의 사건입니다. 끝났던 인생이 새로운 피조물로 빚어진 것입니다. 그 모습을 바울은 '만드신 바' 즉, '시(詩, poem, poetry)'라고 했습니다. 부디 성도의 정체성을 잊어버리지 마십시오. 어떤 자리에 있든지 구원 받은 자답게 살아가십시오.

03
반드시 한 섬에 걸리리라

"그런즉 우리가 반드시 한 섬에 걸리리라 하더라." (행 27:26)

인생의 항해에 불어오는 피할 수 없는 광풍

그날, 바람은 방향 없이 몰아쳤습니다. 경험 많은 사공도, 명령권을 가진 백부장도, 선장도 누구도 이 상황을 통제할 수 없었습니다. 배는 사람의 지식과 능력을 비웃듯 흔들렸고, 항해의 목적지였던 로마는 점점 더 멀어지는 듯했습니다. 그 바다 위에서 가장 분명했던 사실은 단 하나였습니다. 지금 이 배는 어디로 가고 있는지를 아무도 모른다는 것입니다.

인생의 항해도 이와 같습니다. 우리는 때때로 분명한 목적지를 향해 나아가는 것처럼 보입니다. 기도하고, 준비하고, 계획하고, 최선을 다해 방향을 잡습니다. 그러나 어느 순간 전혀 예기치 못한 광풍이 몰려옵니다. 그것이 바로 유라굴로 같은 폭풍입니다. 성경은 '유라굴로'를 "유라굴로라 하는 광풍"이라 표현합니다. 이 단어는 헬라어 '유라쿨론'(Εὐρακύλων'에서 유래되었는데, '유로(Euros, 동풍, east wind)'와 '아쿨론(ακυλον, 북풍, north wind)'의 합성어로, '동북쪽에서 몰아치는 광풍 혹은 태풍'이란 의미를 가집니다. 고대 지중해 항해자들에게 '유라굴로'는 두려움의 상징이었습니다. 그것은 단순한 비바람이 아니라 배를 산산조각 내고 생명을 앗아갈 수도 있는 돌발성 태풍이었습니다. 실제로 '유라굴로'는 지중해 동쪽, 특히 그레데 섬과 아드리아 해 사이에서 발생하는 아주 강력하고 국지적인 사이클론성 폭풍입니다. 지중해는 바다 전체가 크지 않고 섬들이 많아 피항할 장소가 많은 것처럼 보이지만 실제로는 급변하는 기후와 좁은 해협 때문에 한번 풍랑이 닥치면 오히려 피할 길이 막혀버리는 특징이 있습니다. 특히 10월-11월, 이 항해는 매우 위험했습니다.

사도행전 27장은 바로 이 시기, 계절적으로 항해가 금지되기 직전의 시점입니다.

"여러 날이 걸려 금식하는 절기가 이미 지났으므로 항해하기가 위

태한지라 바울이 그들을 권하여."(행 27:9)

이 광풍 앞에서 바울을 포함한 276명의 사람들은 속수무책이었습니다. 광풍은 그들의 기술과 지혜, 준비와 판단을 모두 무력하게 만들었습니다.

"여러 날 동안 해도 별도 보이지 아니하고 큰 풍랑이 그대로 있으매 구원의 여망마저 없어졌더라." (행 27:20)

이 구절은 단지 날씨 상황을 말하는 것이 아닙니다. 그 배 안의 사람들의 마음 상태를 보여주는 구절입니다. '구원의 여망마저 없어졌다'는 말은, 이제는 기대할 것도, 살아날 희망도 사라졌다는 절망의 선언입니다. 고대 항해는 별과 해, 천체의 위치로 방향을 잡기 때문에 하늘이 보이지 않는다는 것은 곧 항해가 불가능해졌음을 의미합니다. 단지 뱃길을 잃은 것이 아니라 생존 자체를 포기해야 할 상황이었습니다. 바울과 함께한 276명의 사람들은 저마다 다른 반응을 보였을 것입니다. 누군가는 극도의 두려움에 빠졌고, 누군가는 낙심하며 침묵했고, 누군가는 과거를 후회하며 스스로를 자책했을지도 모릅니다. 그 절박함은 식사조차 멈추게 했습니다.

성경은 당시 배 안 사람들의 행동을 있는 그대로 기록하는 데 애쓰고, 애쓰다가 자신들의 짐을 버렸다고 했습니다.

> "우리가 풍랑으로 심히 애쓰다가 이튿날 사공들이 짐을 바다에 풀어 버리고 사흘째 되는 날에 배의 기구를 그들의 손으로 내버리니라." (행 27:18-19)

사람들은 어떻게든 짐을 붙들고 살려고 했던 것 같습니다. 그 짐 안에는 각자의 욕심이 있고, 자존심, 계산이 있었을 것입니다. 그러나 '유라굴로' 앞에서는 아무 소용이 없었습니다. 사람들은 사흘이나 버틴 끝에 자기가 쓰는 기구를 바다에 던지기 시작했습니다.

> "우리가 내려놓는 것은 결국, 우리를 살리기 위함이다." (찰스 스윈돌, 『하나님이 주신 새로운 시작』, 디모데, 2005, 114)

말씀을 붙잡고 영혼의 항로를 잃지 않았던 바울

바울은 이미 오래전부터 내려놓는 인생을 걸어온 사람이었습니다. 그는 다메섹에서 예수님을 만난 이후로 자신이 의지하던 것들을 하나씩 포기해 왔습니다.

> "그러나 무엇이든지 내게 유익하던 것을 내가 그리스도를 위하여 다 해로 여길뿐더러 또한 모든 것을 해로 여김은 내 주 그리스도 예수를 아는 지식이 가장 고상하기 때문이라 내가 그를 위하여 모든 것을 잃어버리고 배설물로 여김은 그리스도를 얻고." (빌 3:7-8)

그렇기에 그는 그 바다 한가운데서도 흔들리지 않았습니다. 바울에게 있어서 중요한 것은 배가 아니라 말씀을 따라 도달해야 할 목적지였습니다. 사람들은 배의 안전을 지키려 했지만, 바울은 하나님의 약속을 지키고 있었습니다. 광풍은 배를 흔들었지만 믿음을 가진 사람의 영혼까지는 흔들 수 없었습니다. 바울은 광풍 가운데서도 하나님께 받은 말씀을 붙듭니다.

> "내가 속한 바 곧 내가 섬기는 하나님의 사자가 어제 밤에 내 곁에 서서 말하되 바울아 두려워하지 말라 네가 가이사 앞에 서야 하겠고 또 하나님께서 너와 함께 항해하는 자를 다 네게 주셨다 하였으니 그러므로 여러분이여 안심하라 나는 내게 말씀하신 그대로 되리라고 하나님을 믿노라." (행 27:23-25)

'유라굴로' 앞에 선 배는 흔들렸지만 바울은 결코 무너지지 않았습니다. 그는 바다를 보는 대신 하나님의 음성에 귀를 귀울였습니다. 별이 보이지 않아도 하늘의 음성을 붙잡았습니다. 그의 영혼이 항로를 잃지 않았습니다. 하나님은 바람을 즉시 멈추지 않으셨습니다. 하지만 그보다 먼저 사람의 마음을 붙드십니다. 여전히 배는 흔들리고, 풍랑은 멈추지 않았지만 바울의 중심은 흔들림이 없었습니다.

> "하나님은 먼저 파도를 잠잠케 하지 않으시고, 먼저 사람의 믿음을 잠잠케 하신다." (유진 피터슨, 『한 길 가는 순례자』, IVP, 2007, 138)

말씀을 붙잡고 영혼의 항로를 잃지 않았던 바울은 이제 배의 영적 선장이 됩니다. 눈앞의 바다는 여전히 위험합니다. 그러나 바울은 눈앞이 아니라 하나님의 약속을 보고 있었습니다. 믿음은 바다의 잔잔함을 기준으로 하지 않습니다. 믿음은 하나님의 말씀을 기준으로 삼습니다.

> "믿음은 아직 도달하지 않은 목적지를 확신하는 것이며, 흔들리는 현실 속에서도 약속을 붙드는 것이다." (프레드릭 뷰크너, 『비밀의 기쁨』, IVP, 2000, 91)

배의 선장과 같이 된 바울은 단호하게 말합니다.

> "그런즉 우리가 반드시 한 섬에 걸리리라 하더라." (행 27:26)

그 섬은 어디입니까? 그는 몰랐습니다. 그러나 반드시 도달할 것이라고 믿었습니다. 왜냐하면 하나님이 목적지를 정하셨고 그 약속을 말씀하셨기 때문입니다. 하나님이 이끄시는 배는 설령 표류하는 듯 보여도 결코 목적지를 놓치지 않습니다. 결국 그 배는 부서집니다. 하지만 사람들은 모두 살아남습니다.

"그 남은 사람들은 널조각 혹은 배 물건에 의지하여 나가게 하니 마침내 사람들이 다 상륙하여 구조되니라." (행 27:44)

배는 목적지가 아니었습니다. 하나님은 때로 배를 깨뜨리면서까지 사람을 살리십니다. 우리는 종종 그 배를 지키기 위해 안간힘을 씁니다. 그러나 하나님은 생명을 살리기 위해 배를 포기하게 하십니다. 그 배는 우리의 방식일 수 있고, 우리의 고집, 우리가 만들어온 안정감일 수 있습니다. 그러나 하나님은 분명하게 말씀하십니다.

"네가 붙잡던 배가 아니라, 내가 주는 말씀만이 너를 살린다."

"하나님은 우리가 잃는 것으로 끝나게 하지 않으신다. 잃음으로 다시 시작하게 하신다." (헨리 나우웬, 『영적 발돋움』, 은성출판사, 2003, 112)

유라굴로 광풍은 인생의 끝이 아닌 하나님이 준비하신 새길로 가는 지름길

'유라굴로'는 끝이 아니었습니다. 그것은 하나님이 준비하신 섬으로 가는 길이었습니다. 짐을 버리고, 장비를 버리고, 심지어는 자신들이 의지하던 배가 산산이 부서지는 그 여정을 통해 하나님은 새로운 시작의 터를 마련하셨습니다. 그 섬, 멜리데(Malta, 오늘날 몰타)는 단지 피난처가 아니라 치유와 회복, 그리고 복음의 새 지평이 열리는 땅이었습니다.

우리 인생의 '유라굴로'도 마찬가지입니다. 광풍은 파괴로 보이지만, 하나님은 그 안에서 방향 수정의 기회를 주십니다. 죽음처럼 느껴지는 태풍 끝에 하나님은 반드시 우리가 이르러야 할 '섬'을 예비하고 계십니다.

광주청사교회의 역사도 그 '유라굴로'의 흔적 위에 세워졌습니다. 올해로 창립 42주년을 맞은 우리 광주청사교회. 참 많은 바람과 광풍이 몰아쳤습니다. 지하실 예배당에서 물을 퍼내며 예배드리던 시절도 있었지만, 하나님의 특별한 은혜로 800석 규모의 예배당을 허락하셨습니다. 하지만 교회는 곧 성장하지 않았고, 예기치 못한 풍랑이 교회를 흔들기 시작했습니다. 교인들은 흩어졌고, 마침내 1대 담임목사님도 떠나시게 되었습니다. 무거운 부채와 함께 교회의 미래는 안개처럼 불투명해졌습니다.

그 광풍의 시간 한가운데 저는 이 교회의 2대 담임목사로 부름을 받게 되었습니다. 처음 이 자리에 섰을 때의 분위기를 지금도 기억합니다. 눈에 보이지 않는 상처와 아픔이 예배당 곳곳에서 숨결처럼 느껴졌습니다. 무엇을 어디서부터 어떻게 시작해야 할지 몰랐습니다. 그때 청빙위원들이었던 류성동 장로, 박희열 집사(현재 장로) 등은 제게 위로하듯 말했습니다.

"필요하면 교회 이름도 바꾸십시오. 마음껏 목회해 보십시오."

뿐만 아니라 이종현 집사(현재 장로)는 "제 아들, 딸을 입학 시킬 테니 대안학교를 세워 주십시오." 이런 말들이 제게는 무너진 배 위에서 떨어진 하나님의 음성처럼 들렸습니다. 용기를 얻어 하나님이 주신 목회의 비전들을 하나씩 펼치기 시작했습니다. 세대통합목회를 시작으로, 새벽예배 운동, 전 세계를 누비는 체인지라이프트립, 미션트립, 지역선교, 교육선교 등. 선포하는 대로 감동 주시는 대로 움직일 수 있었습니다. 놀라운 건 그런 변화는 광풍이 없었다면 불가능했을 일이라는 사실입니다. 배가 부서졌기 때문에, 우리는 새로운 항로로 나아갈 수 있었습니다.

혹시 지금 유라굴로 한가운데 서 계십니까? 인생의 방향을 잃고, 하늘도 보이지 않고, 구원의 여망마저 사라진 상태에 놓여 있습니까? 그렇다면 기억하십시오. 하나님은 당신을 포기하지 않으십니다. 그 바람을 지나 반드시 하나님이 예비하신 섬, 회복과 사명의 땅으로 인도하실 것입니다. 그러니 오늘, 배가 아니라 우리의 삶에 복 주시기를 원하시는 하나님의 약속의말씀을 붙드십시오. 떠나간 것에 미련을 버리고 남아 있는 것을 바라보십시오. 포기할 이유가 아니라 다시 시작할 이유를 믿음으로 붙드십시오. 유라굴로는 끝이 아니라 하나님의 구원 역사가 새롭게 펼쳐지는 시작점입니다. 아무것도 남지 않은 것 같은 자리에서 하나님은 당신을 다시 세우실 것입니다. 배는 깨져도 당신은 살아남을 것입니다. 그리고 하나님의 영광스러운 일을 위해 반드시 다시 사용하실 것입니다.

04

복의 세 얼굴

"여호와는 네게 복을 주시고 너를 지키시기를 원하며 여호와는 그의 얼굴을 네게 비추사 은혜 베푸시기를 원하며 여호와는 그 얼굴을 네게로 향하여 드사 평강 주시기를 원하노라 할지니라 하라." (민 6:24-26)

우리가 생각하는 것과 차원이 다른 하나님의 복

복(福). 모두가 원하지만 모두가 그 뜻을 정확히 아는 것은 아닙니다. 어떤 이는 복을 소유로 생각합니다. 어떤 이는 명예, 건강, 자녀의 성공을 복이라 말합니다. 하지만 성경은 다르게 말합니다. 하나님의 복은 조건이 아니라 '존재'입니다. 행운이 아니라

'임재'입니다. 주어지는 것이 아니라 '함께 하시는' 것입니다.

> "하나님의 복은 더 가지는 것이 아니라 그분과 함께 걷는 데 있다."
> (유진 피터슨, 『메시지』 서문 중에서)

민수기 6장은 광야를 지나는 백성들에게 하나님이 제사장을 통해 주신 '축복의 기도'입니다. 광야란 무엇입니까? 불확실하고, 위태롭고, 배고프고, 외로운 곳입니다. 그곳에서 하나님은 이렇게 말씀하십니다.

"지키고 싶다. 은혜 주고 싶다. 평강 주고 싶다."

하나님은 우리에게 복 주시기를 원하십니다. 우리를 지키시기를 원하십니다. 은혜와 평강으로 우리를 덮으시기를 원하십니다. 민수기 6장의 대제사장 축도는 하나님 마음의 정수를 보여줍니다. 특별히 하나님의 복이 세 얼굴로 표현됩니다.

하나님이 주시는 첫 번째 복은 '보호'입니다

복의 첫 번째 얼굴은 '보호'입니다.

> "여호와는 네게 복을 주시고 너를 지키시기를 원하며." (민 6:24)

여기서 '지키다'라는 말은 히브리어로 '샤마르'(שָׁמַר)입니다. 이것은 단순히 지켜본다는 의미가 아닙니다. 본래 뜻은 '둘레를 가시로 울타리 치다'입니다. 하나님은 우리 인생을 그분의 손으로 감싸십니다. 마치 목자가 양 우리 둘레에 가시나무 울타리를 치듯, 외부의 위협으로부터 철저히 보호하십니다. 그래서 우리가 망하지 않는 것입니다. 넘어질 수는 있어도 깨지지 않습니다. 흔들릴 수는 있어도 무너지지 않습니다.

> "네가 물 가운데로 지날 때에 내가 너와 함께 할 것이라 강을 건널 때에 물이 너를 침몰하지 못할 것이며 네가 불 가운데로 지날 때에 타지도 아니할 것이요 불꽃이 너를 사르지도 못하리니." (사 43:2)

이스라엘 백성이 광야에서 살아남을 수 있었던 이유는 바로 이 하나님의 '샤마르' 때문이었습니다. 당시 광야는 돌과 바위가 무성한 생존이 불가능한 땅이었습니다. 낮에는 40도를 넘나드는 뜨거운 태양, 밤에는 급격히 떨어지는 한랭한 기온, 물도 없고, 먹을 것도 없고, 맹수와 강도가 출몰하는 땅. 그런데 그곳에서 무려 40년을 버텼습니다. 아니, 단순히 버틴 것이 아니라, 성장하고, 훈련되고, 다음 세대까지 세우며 약속의 땅 앞에 서게 되었습니다. 어떻게 가능했습니까? 전능하신 하나님이 지켜주셨기 때문입니다. 매일 구름 기둥과 불 기둥으로 낮과 밤을 덮으셨습니다. 매일 하늘에서 만나와 메추라기를 내려 먹이셨습니다. 발이 부르트지 않게, 옷이 해어지지 않게 돌보셨습니다. 외부의 적이 공격하지 못하게 그들을 두려워하도록 하여 막으셨습니다. 그것이 하나님의 보호하심이었습니다. 하나님은 요새요, 피할 바위이십니다.

우리 민족도 마찬가지입니다. 대한민국은 수많은 위기를 지나왔습니다. 수탈과 전쟁, 분단과 빈곤, 외환 위기와 안보 위기. 그러나 그 모든 순간에도 우리나라는 건재했습니다. 그 이유는 단순한 민족의 저력이나 경제 성장 때문이 아닙니다. 우리 민족의 역사 속에는 위기 때마다 하나님을 찾고 부르짖었던 수많은 무릎 꿇는 성도들이 있었습니다. 교회마다 새벽에 일어나 하나님께 탄원하는 통곡의 기도가 있었습니다. 나라를 위해 눈물로 매달리던 기도의 어머니들이 있었습니다. 애국가의 첫 소절을 기억하십니까?

"하나님이 보우하사 우리 나라 만세."

우리 민족의 노래 첫 구절은 하나님이 지키신다는 고백입니다. 이것은 단순한 전통이나 문화가 아닙니다. 대한민국이라는 나라가 여기까지 올 수 있었던 진짜 이유입니다. 야곱은 광야에서 이 복을 누렸습니다. 다윗은 굴속에서 이 복을 누렸습니다. 에스더는 왕궁에서 이 복을 누렸습니다. 그들은 눈에 띄게 복 받은 삶을 산 것이 아닙니다. 오히려 위기의 연속이었습니다. 그러나 그들에겐 보이지 않는 하나님의 숨은 손길이 있었습니다. 하나님이 그들의 둘레에 가시 울타리를 치시고 지켜주셨습니다. 그것이 복의 시작이었습니다.

오늘도 우리는 이 복을 사모해야 합니다. 하나님은 여전히 우리 인생을 돌보시고 지켜주십니다. 가정의 울타리를 세우십니다. 교회의 울타리를 세우십니다. 나라의 울타리를 세우십니다. 그래서 우리 인생은, 교회는, 이 민족은 쉽게 무너지지 않습니다. 우리에게 필요한 것은 한가지입니다. 그 하나님을 인정하고 은혜를 구하는 것입니다. 하나님의 손길을 붙잡고, 그분의 울타리 안에 거하는 것입니다.

하나님이 주시는 두 번째 복은 '은혜'입니다

복의 두 번째 얼굴은 '은혜'입니다.

"여호와는 그의 얼굴을 네게 비추사 은혜 베푸시기를 원하며." (민 6:25)

은혜는 '자격 없음에도 받는 것'입니다. '애쓴 적 없는데 주어진 것'입니다. 그래서 은혜는 우리를 낮춥니다. 동시에 우리를 다시 세웁니다. 간음하다 현장에서 붙잡힌 여인을 기억하십니까? 돌 맞아 죽는 것 외엔 다른 길이 없던 인생. 그녀를 향한 예수님의 한마디, "나도 너를 정죄하지 아니하노니." 그 말 한마디가 인생을 살렸습니다. 은혜입니다. 은혜를 모르는 인생은 세상 끝에서 절망합니다.

"이제 끝이다."

하지만 은혜를 아는 인생은 바닥에서 하늘을 바라봅니다.

"이제 시작이다."

"하나님의 은혜는 우리를 절망 끝에서 소망의 입구로 이끈다." (브레넌 매닝, 『하나님의 은혜에 뛰어들다』, 88)

지금 상황이 막막하십니까? 답이 없어 보이십니까? 그렇다면 지금이야말로 은혜의 때입니다. 자격이 없기에, 오히려 받을 수 있는 때입니다.

> "이르시되 내가 은혜 베풀 때에 너에게 듣고 구원의 날에 너를 도왔다 하셨으니 보라 지금은 은혜 받을 만한 때요 보라 지금은 구원의 날이로다." (고후 6:2)

하나님의 은혜는 막연하거나 추상적인 개념이 아닙니다. 성경과 우리의 역사 속에서 그것은 너무도 구체적이고 실제적인 모습으로 나타납니다. 이스라엘 백성이 애굽에서 해방되던 날, 그들은 칼을 들고 싸워 쟁취한 자유가 아니었습니다. 그날 밤, 애굽 온 땅에 처음 난 것이 다 죽어가는 심판 속에서 이스라엘은 오직 '어린 양의 피'로 구원을 받았습니다. 문설주와 인방에 발라진 피를 보고 여호와께서 그 집을 넘어가셨습니다. 심판의 밤을 지나, 새벽에 울려 퍼진 울부짖음 속에서 하나님의 백성은 마침내 자유를 선물처럼 받았습니다. 이것이 유월절의 은혜입니다.

> "너희는 이 날을 기념하여 여호와의 절기를 삼아 영원한 규례로 대대로 지킬지니라." (출 12:14)

젖과 꿀이 흐르는 가나안 땅에 들어간 것도 은혜였습니다. 그

땅을 차지하고, 충만케 되는 것 역시 은혜였습니다. 모든 여정이 은혜였습니다. 그들에게 필요한 것은 오직 하나, 하나님을 절대 의지하는 믿음이었습니다.

19세기 가난한 조선 땅에 서양 선교사들이 찾아왔습니다. 그들은 우리가 부탁한 적도 없는데 조선 사람의 구원을 위해 생명을 걸고 왔습니다. 언어도, 문화도, 풍습도 다른 이 땅에서 복음을 전하다 피 흘린 이름들이 있습니다. 토마스 선교사, 언더우드, 아펜젤러, 스크랜튼, 유진벨…. 이름을 다 말할 수 없는 수많은 이들이 오직 예수 그리스도의 피 묻은 복음을 들고 왔습니다. 그리고 복음은 조선 땅을 뚫고 들어와 절망 속에 있던 백성들에게 새로운 소망을 심어 주었습니다. 오늘날 우리는 전 세계가 주목하는 풍요의 나라, 대한민국에 살고 있습니다. 분단과 전쟁, 가난과 독재를 겪고도 무너지지 않았습니다. 경제적 기적을 일궈내고, 자유와 민주주의의 길로 나아왔습니다. 이것이 우리의 손으로 만든 것입니까? 결코 아닙니다. 하나님께서 부어주신 특별한 은혜의 열매입니다. 지금 우리가 누리고 있는 이 자유와 풍요와 평화는 모두 은혜의 복 위에 세워진 것입니다. 이스라엘이 약속의 땅 가나안에서 젖과 꿀을 맛보고 향유하게 되었듯, 우리 대한민국도 은혜 위에 풍요를 누리고 있습니다. 정수라 씨가 부른 노래 〈아 대한민국〉의 가사 그대로입니다.

하늘엔 조각구름 떠 있고

강물엔 유람선이 떠 있고

저마다 누려야 할 행복이 언제나 자유로운 곳

뚜렷한 사계절이 있기에 볼수록 정이 드는 산과 들

우리의 마음속의 이상이 끝없이 펼쳐지는 곳

원하는 것은 무엇이건 얻을 수 있고

뜻하는 것은 무엇이건 될 수가 있어

이렇게 우린 은혜로운 이 땅을 위해

이렇게 우린 이 강산을 노래 부르네

아 아 우리 대한민국 아 아 우리 조국,

아 아 영원토록 사랑하리라.

지금 우리가 숨 쉬며 살아가는 이 하루도 은혜입니다. 코로나 19 시대를 지나며 세계가 무너지고 흔들릴 때에도, 우리나라는 세계가 부러워하는 회복력을 보여주었습니다. 의료, 교육, 경제, 민주주의, 그리고 무엇보다 한국 교회의 부흥과 선교 열정. 이것들은 모두 은혜의 선물입니다. 그래서 오늘, 우리는 노래합니다.

"아 아 우리 대한민국 아 아 우리 조국, 아 아 영원토록 사랑하리라."

지금 상황이 어렵고 막막하십니까? 내 힘으로는 해결할 수 있는 길이 보이지 않습니까? 그렇다면 바로 지금이 하나님을 붙잡을 은혜의 때입니다. 기억하십시오. 이스라엘의 유월절 어린양의 피가 그들을 살렸듯, 우리에게는 십자가에서 흘리신 예수 그리스도의 피가 있습니다. 그 은혜 안에서 우리도 여전히 살아가고 있습니다.

하나님이 주시는 세 번째 복은 '평강'입니다

복의 세 번째 얼굴은 '평강'입니다.

> "여호와는 그의 얼굴을 네게로 향하여 드사 평강 주시기를 원하노라." (민 6:26)

평강은 단순한 평안이 아닙니다. 환경의 안정이 아니라, 내면의 고요입니다. 폭풍 한가운데서도 흔들리지 않는 마음, 절망 속에서도 피어나는 미소, 그것이 성경이 말하는 '샬롬'입니다.

> "하나님의 평강은 폭풍이 지나간 후의 고요가 아니라, 폭풍 속에서도 흔들리지 않는 중심이다." (헨리 나우웬, 『상처 입은 치유자』, 119)

부활하신 예수님이 제자들에게 처음 건넨 인사는 "평강이 있을지어다"였습니다. 그들의 마음은 두려움으로 닫혀 있었고, 문을 걸어 잠근 채 숨어 있었습니다. 그러나 주님은 그들의 공포를 걷어내지 않으셨습니다. 오히려 그 두려움 한가운데로 들어오셔서, 그들 안에 하늘의 평강을 심어 주셨습니다. 문제는 여전히 남아 있었지만, 마음에는 고요가 깃들었고, 내일은 여전히 불확실했지만, 오늘은 평안해졌습니다. 이것이 구원 받은 자가 누리는 최고의 복입니다.

그런데 우리는 종종 '편한 것'과 '평안한 것'을 혼동합니다. 편한 교회를 평안한 교회로 착각합니다. 편한 신앙생활, 편한 공동체, 편한 봉사. 마찰 없고, 불편함 없고, 긴장감 없는 상태가 곧 평강이라고 오해합니다. 하지만 성경이 말하는 평강, 샬롬은 그런 상태가 아닙니다. 평강은 겉으로 모든 것이 잘 풀려서 생기는 것이 아닙니다. 오히려 외부의 긴장과 마찰, 갈등과 고난 속에서도 내면이 무너지지 않는 상태입니다. 무너질 듯하지만 무너지지 않는, 흔들릴 듯하지만 중심을 잃지 않는 마음. 그것이 샬롬입니다. 이스라엘 백성은 전쟁과 전투의 연속 속에서도 하나님을 신뢰할 때 평강을 누렸습니다. 예루살렘 성벽 너머에서 대적이 쳐들어와 포효할 때 히스기야 왕은 성전으로 달려가 하나님 앞에 무릎 꿇었습니다. 그때 하나님은 놀랍게도 "내가 이 성을 보호하겠다"는 응답을 주셨습니다. 환경은 여전히 절망적이었지만 하늘의 샬롬이 유다 백성 안에 자리했습니다.

오늘날 대한민국도 마찬가지입니다. 북한이 연일 미사일을 쏘아대고, 세계 정세는 혼란하며, 경제는 불안하고, 사회는 극심한 양극화와 세대 갈등에 시달리고 있습니다. 그런데도 우리 일상은 놀랄 만큼 평온합니다. 마치 아무 일도 없는 듯, 아이들은 학교로 가고, 시민들은 출근하고, 예배당은 문을 열고, 찬송은 울려 퍼집니다. 이것은 결코 우리 힘으로 지켜낸 일상이 아닙니다. 하나님이 이 나라를 보호하시고 지켜주셨기에 가능한 일입니다. 이스라엘 백성이 '샬롬'으로 서로를 인사하듯, 우리도 '사랑합니다. 행복합니다'라고 인사할 수 있는 것은 하나님의 보이지 않는 손길이 우리 공동체를 감싸고 있기 때문입니다. 광주청사교회 부임 이래 단 하루도 쉽고 편한 날은 없었습니다. 이런 저런 문제들이 수두룩했습니다. 하지만 신기하게도 우리는 평강을 누렸습니다. 하나님이 주시는 놀라운 평강이 우리 교회를 지켜냈습니다.

우리는 편안한 삶을 위해 신앙생활을 하면 안 됩니다. 교회가 편해지기를 바라지 말고, 하늘의 평강으로 충만해지기를 기도해야 합니다. 주님이 주시는 샬롬은 폭풍이 지나간 후의 고요가 아니라, 폭풍 속에서도 중심을 잃지 않는 고요입니다. 그 복이 우리 공동체와 당신의 마음에 가득하기를 소망합니다. 대제사장을 통한 축복의 기도는 단지 성경 속 고대 이스라엘만을 위한 말씀이 아닙니다. 지금 우리의 삶을 향한 살아있는 말씀입니다.

"여호와는 네게 복을 주시고 너를 지키시기를 원하며 그의 얼굴을 네게 비추사 은혜 베푸시기를 원하며 그의 얼굴을 네게로 향하여 드사 평강 주시기를 원하노라." 할렐루야!

PART 02

회복의 은혜

01

네가 낫고자 하느냐?

"예수께서 그 누운 것을 보시고 병이 벌써 오래된 줄 아시고 이르시되, 네가 낫고자 하느냐." (요 5:6)

은혜의 집, 베데스다 연못

예루살렘 양문 곁, 베데스다라 불리는 연못가. 본디 '베데스다'란 '은혜의 집'(House of kindness or mercy)이란 뜻을 가지고 있습니다. 그러나 그곳의 현실은 은혜와는 거리가 멀었습니다. 다섯 개의 행각에는 맹인, 절뚝거리는 자, 혈기 마른 자 등 수많은 병자들이 몸을 뉘이고 있었습니다. 그리고 모두가 한순간을 기다리고 있었습니다. '물이 움직이는 때'. 전승에 따르면 천사가 가끔 내려와 연못물을 휘저으면, 그 순간 가장 먼저 들어간 사람만이 병에서 나을 수 있다고 믿었습니다. 그러나 그곳에는 모순이 있었습니다. '가장 먼저 물에 들어가야 낫는다.' 그렇기에 정작 병세가 깊은 이들은 가장 마지막이 될 수밖에 없습니다. 기적은 힘 있고 빠른 자의 몫이었고, 가장 절박한 자는 여전히 땅바닥에 누워 있을 수밖에 없는 곳. 정말 은혜의 집이라는 이름이 무색한 곳. 그곳이 바로 베데스다 연못이었습니다.

그 행각 아래, 병든 지 38년 된 사람이 있었습니다. 이름도, 집안도, 과거의 직업도 성경은 말해주지 않습니다. 우리가 아는 건 단 하나, 그가 병들어 있었다는 사실입니다. 그리고 그 시간이 38년이라는 숫자로 기록되었다는 점입니다. 하루 이틀이 아닙니다. 십 년이 지나고, 또 십 년이 지나도, 그의 자리는 변하지 않았습니다. 절망의 고단한 시간 38년. 그 긴 세월 동안 그는 늘 같은 자리에 누워 있었을 것입니다. 물 한 모금 제대로 마시는 것도, 누군가의 도움이 없이는 불가능한 삶. 아침이 와도 기쁘지 않고, 밤이 와도 쉬지 못하는 삶. 그는 매일을 그렇게 기다림과 체념 사이에서 버텼겠지만 시간이 흐를수록, 희망은 점점 더 멀어지고, 체념은 더 가까워졌을 것입니다.

눈앞에는 늘 연못이 있었습니다. 그런데 한 번도 먼저 들어간

적이 없었습니다. 들어가 본 적이 없는 소망, 늘 곁에 있었지만 결코 닿지 못한 기회. 그것이 그의 고단한 삶 38년이었습니다. 그의 마음에는 절망이 깊이 고였을 것입니다. 햇빛에 말라버린 진흙처럼, 꿈도 갈라지고, 소망도 거칠어지고, 의지도 부서졌을 것입니다.

"내 인생은 여기까지인가…."

38년 된 병자를 찾아오셔서 치료해 주신 예수님

그는 그렇게 몸만이 아니라 영혼까지 병들어가고 있었습니다. 그런 그에게 생명의 주인이신 예수님이 다가오셨습니다.

"예수께서 그 누운 것을 보시고, 병이 벌써 오래된 줄 아시고…."(요 5:6)

주님은 그의 이름은 말씀하지 않으셨지만, 그의 시간은 아셨습니다. 그의 고통의 연대기, 그의 절망의 무게, 사람들이 잊은 존재였을지라도, 예수님은 '그 누운 것을 보시고' 다가오셨습니다. 예수님은 단지 그의 병을 보신 것이 아닙니다. 그 병의 '세월'

을 보셨습니다. 사람들은 결과만 봅니다. 하지만 예수님은 시간을 보십니다. 얼마나 오래 앓았는지, 얼마나 오랫동안 외면당했는지, 얼마나 오랫동안 마음이 무너졌는지를 아십니다. 그리고 물으십니다.

"네가 낫고자 하느냐?" (요 5:6)

겉으로 보면 당연한 질문처럼 보입니다. 그러나 사실은 그렇지 않습니다. 절망은 마음을 굳게 합니다. 희망을 포기한 자는 더 이상 기적을 기대하지 않습니다. 기대하지 않으니 믿지도 않습니다. 믿지 않으니 응답을 받을 수도 없습니다. 그런데 "낫고자 하느냐?"라는 주님의 질문은 그 절망의 심장을 흔듭니다. 아직도 나음을 소망할 마음이 남아 있는가? 아직도 삶을 포기하지 않았는가? 그 병자는 이렇게 대답합니다.

"병자가 대답하되 주여 물이 움직일 때에 나를 못에 넣어 주는 사람이 없어 내가 가는 동안에 다른 사람이 먼저 내려가나이다." (요 5:7)

한마디로 그는 자신을 도울 '사람이 없다'고 말합니다. 세상은 늘 그렇습니다. 가장 약할 때, 가장 필요한 순간, 도움은 오지 않습니다. 연약한 자의 절망은 언제나 "나를 도와줄 사람이 없다"
는 외침 속에 고여 있습니다.

하지만 예수님은 도울 사람을 기다리지 않으시고 직접 찾아오
십니다. 누군가의 도움이 있어야만 가능한 것이 아닙니다. 세상
의 방법을 따르지 않으십니다. 앞서 기술한 바와 같이 생명의 주
인이자 창조자 하나님이신 주님이 직접 절망에 빠진 연약한 인
간을 구원하러 오십니다.

"예수께서 이르시되 일어나 네 자리를 들고 걸어가라 하시니." (요 5:8)

주님은 즉시 명령하십니다. "일어나라. 네 자리를 들고 걸어가
라." 38년 동안 움직이지 못했던 몸이, 그 말씀 한마디에 힘을 얻
습니다.

"그 사람이 곧 나아서 자리를 들고 걸어가니라." (요 5:9)

'곧'. '즉시'. 예수님 앞에서는 38년의 고통도 3.8초처럼 사라질
수 있습니다. 믿음은 시간의 길이에 지지 않습니다. 믿음은 과거
의 무게에 눌리지 않습니다. 믿음은 지금, 주님의 음성에 반응하

는 것입니다.

> *"주님은 우리가 도움을 받을 수 있을 때까지 기다리지 않으신다. 주님은 스스로 우리를 일으키시는 분이다."* -브레넌 매닝, 『하나님의 은혜에 뛰어들다』

병자는 자신의 침상을 들고 걸어갑니다. 어제까지만 해도 절망의 심연에 눌러 있던 자리, 포기의 자리. 이제는 그 침상을 어깨에 메고 걸어갑니다. 절망은 더 이상 그를 지배할 수 없습니다. 이제 과거는 그의 인생을 설명할 수 없습니다. 주님의 음성이 그의 미래를 새로 씁니다. 우리의 인생도 이와 다르지 않습니다. 때로 우리는 베데스다 연못가에 누워 있습니다. 움직일 힘도 없이 다른 사람만을 바라보며 살아갈 때가 있습니다. 그러나 주님은 오늘도 우리에게 다가오십니다. 그리고 물으십니다. "네가 낫고자 하느냐?" 희망을 다시 품으라 하십니다. 포기하지 말라 하십니다. 사람을 의지하지 말고, 환경을 탓하지 말고, 오직 주님의 말씀을 붙들라고 하십니다.

> *"믿음은 환경이 아니라 약속을 바라보는 것이다."* - 찰스 스펄전, 『약한 자를 위한 은혜』

주님의 은혜는 중간 단계를 거치지 않습니다. 주님의 은혜는 즉각적이고, 결정적이며, 완전합니다. 혹시 오늘, 베데스다 못가에 누워 계십니까? 사람을 기다리고, 환경이 변하기를 바라며 한숨짓고 계십니까? 이미 여러분 곁에 와 계신 주님의 음성에 귀 기울이시기 바랍니다.

"일어나 네 자리를 들고 걸어가라."

"하나님은 지체하지 않으신다. 우리가 기다릴 뿐이다." - 헨리 나우웬, 『영적 발돋움』

절망의 골짜기, 죽음의 골짜기에서도 소망을 말씀하시는 하나님

믿음은 보는 것이 아닙니다. 믿음은 걷는 것입니다. 주님이 말씀하셨기에, 우리는 걸어야 합니다. 주님이 부르셨기에, 우리는 침상을 들고 일어나야 합니다. 그때, 우리 인생도 38년 묵은 절망이 한순간에 무너지는 기적이 일어나는 것입니다. 하나님은 에스겔에게도 비슷한 장면을 보여 주시면서 같은 질문을 던지십니다.

"나를 그 뼈 사방으로 지나가게 하시기로 본즉 그 골짜기 지면에 뼈가 심히 많고 아주 말랐더라 그가 내게 이르시되 인자야 이 뼈들이

> 능히 살 수 있겠느냐 하시기로 내가 대답하되 주 여호와여 주께서 아시나이다." (겔 37:2-3)

하나님은 절망의 골짜기, 생명의 흔적조차 사라진 마른 뼈 더미 앞에서 '소생이 가능하냐'고 묻고 계십니다. 그리고 에스겔에게 그 뼈들을 향하여 말씀을 대언하라고 명하십니다.

> "또 내게 이르시되 너는 이 모든 뼈에게 대언하여 이르기를 너희 마른 뼈들아 여호와의 말씀을 들을지어다 주 여호와께서 이 뼈들에게 이같이 말씀하시기를 내가 생기를 너희에게 들어가게 하리니 너희가 살아나리라." (겔 37:4-5)

결국 목회란 이 일을 감당하는 것입니다. "이 뼈들이 살겠느냐?"고 묻는 자리. 이미 포기된 땅, 낫고 싶다는 말조차 하지 못하는 이들에게 하나님의 생명을 대신 말하는 사명의 자리입니다. 어떤 때는 성도들이 이렇게 말합니다.

"목사님은 세상 물정을 잘 모르시는 것 같아요."

매우 합리적인 말 같지만 만약 목사가 세상 계산에 밝기만 한다면 그 교회는 한 발짝도 믿음의 미래를 향하여 나아갈 수 없을 것입니다. 교회는 세상의 합리성과 논리를 따라가는 공동체가 아니라 주님의 말씀을 따라 믿음으로 움직이는 공동체이기 때문입니다.

우리 교회가 위치하고 있는 이 지역은 수십 년간 재개발 제한 구역으로 묶여 있던 곳이었습니다. 공항 고도 제한과 각종 규제로 인해 사람들은 점점 희망을 접어두기 시작했습니다. 그럼에도 저는 날마다 선포했습니다.

"이 지역은 반드시 국제도시가 될 것입니다."

성도들은 그저 "아멘" 했습니다. 사실상 불가능해 보였지만, 믿음으로 고백하고 기도했습니다. 그런데 놀라운 일이 벌어졌습니다. 2019년 7월 12일부터 28일까지, 대한민국 광주광역시에서 제18회 세계수영선수권대회가 열렸습니다. 이 대회는 역대 최대 규모로, 전 세계 194개국에서 7,507명이 참가하였고, 다이빙, 아티스틱 수영, 수구, 하이다이빙, 오픈워터 수영 등 6개 종목, 76개 경기가 진행되었습니다. 슬로건은 "평화의 물결 속으로 (Dive into Peace)", 광주는 아시아에서 일본, 중국에 이어 세계수영선수권대회를 유치한 세 번째 도시가 되었습니다. 그 과정에서 선수촌 아파트가 필요해졌고, 여러 후보지 중 최종적으로 우리 교회가 있는 동네가 선택되었습니다. 수십 년간 묶여 있던 재개발 땅 위에 드디어 아파트 건설이 시작되었고, 전 세계 수영 선수들이 우리 동네에 오게 된 것은 물론이거니와 행사 기간 내내 우리 교회 이디야 카페 및 여러 비즈니스선교 현장의 신세를 톡톡히 지고 돌아갔습니다.

대부분의 사람들은 말했습니다.

"이 땅은 끝났어."

그러나 하나님은 물으셨습니다.

"이 뼈들이 능히 살 수 있겠느냐?"

그 물음 앞에서, 우리는 "예"라고 대답해야 했습니다. 믿음은 불가능한 현실 앞에서도, 말씀을 대언하는 것입니다. 혹시 기도하면서도 포기하고 있는 영역이 있습니까? 그렇다면 다시 물으십시오.

"낫고자 하느냐?"
"이 뼈들이 능히 살 수 있겠느냐?"

말씀은 현실을 바꾸는 능력입니다. 죽음 같은 침상 위에도, 생기를 잃은 마른 뼈에도, 주의 말씀은 지금도 생명을 불어넣습니다. 병자는 말씀에 반응하여 일어났고, 에스겔은 말씀을 대언하여 마른 뼈가 군대가 되는 것을 보았습니다. 곧 이스라엘 백성이 죽음의 공동묘지 바벨론 포로에 사로잡혀 있지만 하나님이 그들을 회복시킬 것을 선포했습니다. 믿음이란 보이지 않는 현실을 넘어 말씀을 붙드는 것입니다. 베데스다의 침상을 털고 일어서는 것도, 마른 뼈에게 생기를 명하는 것도, 모두 동일한 믿음의 순종입니다.

그러므로 오늘, 우리는 예수님의 질문 앞에 다시 서야 합니다.

"네가 낫고자 하느냐?"

"이 뼈들이 능히 살 수 있겠느냐?"

믿음의 사람은, 그 질문에 "예"라고 대답하는 사람입니다. 그러면 오늘, 바로 그 자리가 새 생명이 시작되는 자리가 될 것입니다.

02

그들의 믿음을 보시고

"무리들 때문에 예수께 데려갈 수 없으므로 그 계신 곳의 지붕을 뜯어 구멍을 내고 중풍병자가 누운 상을 달아 내리니 예수께서 그들의 믿음을 보시고 중풍병자에게 이르시되 작은 자야 네 죄 사함을 받았느니라 하시니." (막 2:4-5)

중풍병자의 치유를 위해 지붕을 뚫은 믿음의 사람들

당시 상황을 다시금 깊이 생각해 봅니다. 중풍병자는 그 순간 무슨 생각을 했을까요? 아무것도 할 수 없는 자신의 무력함, 침상에 묶인 채, 다른 이들의 손에 운명을 맡겨야 하는 부끄러움. 하지만 동시에 그는 자신을 예수님께로 옮기려 애쓰는 그들의 수고 속에서 포기하지 않는 사랑을 느꼈을 것입니다.

"사랑은 넘어질 수밖에 없는 자를 끝까지 메고 가는 것이다." - 헨리 나우웬

본문의 네 사람은 단순히 병자를 예수님이 계신 집 안에 데려오려 한 것이 아닙니다. 그들은 병자를 주님 앞에, 가장 가까이에 내리고자 했습니다. 주님만이 이 병을 치료할 수 있다는 확실한 믿음을 갖고 있었기 때문입니다. 그들은 오직 주님의 은혜와 긍휼만을 믿고 사생결단하며 매달렸습니다.

"무리들 때문에 예수께 데려갈 수 없으므로 그 계신 곳의 지붕을 뜯어 구멍을 내고 중풍병자가 누운 상을 달아 내리니." (막 2:4)

여기서 많은 사람이 궁금해 할 것입니다. "남의 집 지붕을 뜯어도 되는 건가요? 그건 재산 피해 아닌가요? 무례한 행동 아닌가요?" 당시 팔레스타인 지역의 주택 구조를 살펴볼 필요가 있습니다. 고대 유대인 가옥들은 대개 단층 평면으로, 지붕은 진흙과 짚을 발라 만든 평평한 구조였습니다. 그 위에는 대개 방수용 돌이나 말린 풀, 넓은 판자 등을 얹었고, 사다리나 외부 계단을 통해 지붕에 오를 수 있었습니다. 즉, 오늘날처럼 기와나 콘크리트

로 단단히 막힌 구조가 아니었기에 일부를 뜯어내는 일이 상대적으로 가능했고, 급한 경우에는 다시 복구할 수 있는 성격의 구조물이었습니다. 이 사건에서 중요한 것은, 이들이 '함부로 파괴'한 것이 아니라, 긴박한 상황 속에서 한 사람을 살리기 위해 공동체적 관용과 배려 안에서 행해진 일이라는 점입니다. 그리고 예수님께서 이 행동을 꾸짖거나 문제 삼지 않으셨다는 점에서, 이 사건의 핵심은 건물의 손해가 아니라 '믿음의 열정'에 있었다고 볼 수 있습니다. 이 사건을 가장 상세히 기록한 복음서는 마가복음입니다. 지붕을 뜯어 병자를 달아 내리는 장면까지 구체적으로 묘사합니다. 마태는 지붕을 뜯는 장면을 생략하고, 핵심만 간결하게 기록합니다. 누가 역시 지붕을 뜯어 병자를 달아 내리는 모습만 기록합니다. 누가는 의사 출신답게 상황을 조금 더 세밀히 그리고, "기이한 일을 보았다"고 말하는 군중의 반응을 언급합니다. 요한복음에는 이 사건이 기록되어 있지 않습니다. 요한은 주로 다른 표적과 예수님의 깊이 있는 영적인 말씀을 기록하는 데 집중했기 때문입니다. 네 복음서를 종합해보면 이 사건의 본질은 건물 손해나 무례함이 아니라, 그 어떤 장애물 앞에서도 주님께 나아가려는 믿음의 열정에 있다는 것을 알 수 있습니다.

중풍병자를 예수님께 데리고 간 네 사람 같은 이들로 유지되는 교회 공동체

우리의 삶에서도 '지붕을 뜯어야 하는' 순간이 있습니다. 신앙의 자리에 나가려 할 때 방해되는 장애물들이 있습니다. 편견, 두려움, 체면, 수치, 타인의 시선 등. 때론 그것들을 뜯어내야 주님 앞에 갈 수 있습니다. 또한 중풍병자처럼 스스로의 힘으로는 주님께 나아갈 수 없는 주변 이웃들을 위해 우리가 그들의 침상을 메고 나서야 할 때도 있습니다. 성경 본문 특히 마가복음 2장이나 누가복음 5장에서는 중풍병자를 메고 간 네 사람의 이름이나 신원을 구체적으로 밝히지 않습니다. 누구였는지, 어떤 관계였는지, 어떤 사연이 있었는지 성경은 침묵합니다. 하지만 우리는 몇 가지 추론을 할 수 있습니다. 중풍병자에게 가장 자연스럽게 기대할 수 있는 사람들은 그의 친구들입니다. 중풍병은 아마 갑작스럽게 찾아온 병이었을 것입니다. 이로 인해 경제적·사회적으로 고립된 중풍병자를 여전히 포기하지 않은 가까운 벗들이 있었을 가능성이 높습니다. 물론 가족일 수 있습니다. 고대 사회에서 병든 가족을 돌보는 일은 주로 가족의 몫이었습니다. 혈육으로서, 형제나 사촌, 심지어 아들들일 가능성도 생각해 볼 수 있습니다. 가족은 환자를 버리지 않습니다. 특히 사회적으로 낙인찍힌 병자라 할지라도 말입니다. 마지막 추측은 마을 공동체 사람들입니다. 당시 유대 사회는 개인주의가 지배하는 사회가 아니었습니다. 작은 공동체 속에서 살아가며 서로 돕는 문화가 강했습니다. 마을의 신앙 공동체가 병든 이웃을 위해 나섰을 가능성도 배제할 수 없습니다.

하지만 성경은 이들의 이름이나 관계보다 중요한 한가지를 강조합니다. 예수님은 그들의 믿음을 보시고 병자를 고치셨다는 점입니다. 여기서 '그들'은 병자 한 사람의 믿음만이 아닙니다. 침상을 메고 온 네 사람 전체의 믿음을 가리킵니다. 이 말은 우리가 다른 사람을 위해 믿음의 행동을 할 수 있다는 놀라운 진리를 보여줍니다. 다른 사람을 예수님께 데려가려는 우리의 믿음, 기도, 수고, 헌신, 그 믿음을 예수님은 기쁘게 받으십니다. 중풍병자를 데려온 이 네 사람은 모든 그리스도인의 모델입니다. 누군가를 대신해 믿음으로 예수님께 나아가는 사람, 누군가의 연약함을 자신의 어깨로 대신 짊어지는 사람, 누군가에게 "네가 스스로 못 가니까, 우리가 널 데리고 갈게"라고 말하는 사람. 우리에게도 이런 사람이 필요하고, 우리 자신도 누군가에게 그런 사람이 되어야 합니다. 교회 공동체는 '네 사람' 같은 이들로 유지됩니다.

지금도 제 목회 현장에서 이런 역사들을 매일같이 경험하고 있습니다. 우리 교회의 소그룹은 '가정 교회'라는 이름으로 편성됩니다. 보통의 소그룹처럼 성별이나 연령별로 구분하지 않습니다. 대신 5-8가정 단위의 작은 교회 형태를 지향합니다. 78세 이상의 노년 성도들만 따로 모이게 하고, 그 외에는 모든 세대가 함께 어울립니다. 이 가정 교회를 통해 우리 교회는 모든 사역을 이끌어갑니다. 불가능한 일이 없습니다. 해내지 못할 일이 없습니다. 특히 저는 장애를 가진 성도들을 섬길 때 이 방식의 위력을 강하게 느낍니다. 많은 교회에서는 장애 성도들을 따로 모아 관리하거나, 전담 사역자를 붙여 '특별 사역'으로 분리해 놓습니다. 물론 그 방식도 필요할 수 있지만, 그렇게 하면 장애우들은 '사회적 약자'로 영원히 낙인찍히기 쉽습니다. 장애 사역이 점점 별도의, 고립된 부서로 굳어지게 되는 것입니다.

그러나 우리는 다르게 합니다. 장애우들을 따로 떼어 관리하지 않습니다. 19개의 가정 교회 안에 흩어 넣습니다. 그러면 한 사람이 여러 장애우를 책임지는 것이 아니라 여러 사람이 한 장애우를 함께 섬기는 공동체의 모델이 만들어집니다. 한 사람이 홀로 감당하기엔 벅찬 일이지만, 여러 명이 함께 붙들면 감당 못할 일이 없습니다. 실제로 우리 교회 안에는 선천적 장애를 가진 부부가 있습니다. 처음에는 그 부부를 어떻게 섬겨야 할지 고민이 많았습니다. 그런데 우리는 단순한 해답을 선택했습니다. 특정한 기관에 고정시키지 않고, 이 부부가 필요할 때마다 여러 가정 교회를 순환하며 교제하고, 섬김을 나누도록 했습니다. 그랬더니 무슨 일이 벌어졌는지 아십니까? 지금은 그 부부가 전국의 관광 명소를 안 가본 곳이 없을 정도로 자유롭고 활발하게 교제하며 지내고 있습니다. 교우들은 웃으며 말합니다. "정말 우리가 휠체어에 태워 날아 다녔다고 표현하는 게 맞아요." 한두 사람이 감당했다면 불가능했을 일이, 여러 명이 함께했더니 기쁨으로 감당할 수 있게 된 것입니다. 이것이야말로 공동체의 힘이고, 교회의 본질입니다. 서로가 서로를 짊어지고 가는 것, 한 사람이 무너지지 않도록 여러 사람이 붙들어 주는 것, 사랑 안에서 끝까지 포기하지 않는 것. 저는 이 사역을 통해 매번 깊이 깨닫습니다. '사랑은 넘어질 수밖에 없는 자를 끝까지 메고 가는 것이다.' 이 말은 단순히 아름다운 이상이 아닙니다. 바로 우리 교회의 생생한 현실입니다.

장로교회 당회 원리 가운데도 고통을 함께 감당하는 네 사람의 원리가 담겨져 있음

저는 이 관점에서 또 당회의 위력을 증언합니다. 그리고 저는 장로교회 목사로 부름 받은 것에 대해 언제나 감사하는 사람입니다. 왜냐하면 장로교회 정치 원리는 '당회 정치'이기 때문입니다. 목사가 모든 것을 독단적으로 결정하지 않고, 무엇을 하든 장로님들과 함께 논의하고 함께 짐을 지는 구조. 이 '함께'라는 원리가 너무나 귀하고 소중합니다. 교회 안에서 어떤 문제를 마주할 때, 저는 늘 장로님들과 함께 그 짐을 나눕니다. 장로님들과 함께 무거운 문제를 짊어지면, 혼자 짊어질 때와는 비교할 수 없을 만큼 가벼워집니다. 이것은 불같은 시험이 일어날 때마다 제가 써 온 방법입니다. 당회뿐만 아닙니다. 사역을 위해 필요할 때는 별도의 조직을 만들기도 하고, 각종 사역 공유방을 열어 함께 기도하며 나아갑니다. 문제를 혼자 붙들고 고민하지 않고, 함께 붙들어 안고 가면 어떤 짐도 다 감당할 수 있습니다. 본문에 중풍병자가 예수님 앞에 나아갈 수 있었던 것도, 네 사람이 그의 침상을 메고 가서 지붕을 뜯어내는 헌신이 있었기 때문입니다. 지붕을 뚫는 일은 혼자 할 수 없습니다. 반드시 함께여야 가능합니다.

지금까지 제 목회 여정에서 목사가 기도해서 누군가의 병이 고쳐졌다는 간증은 많지 않습니다. 그러나 '우리가 함께 기도해서' 고쳐졌다는 간증은 너무나 많습니다. 우리 교회에서는 환자의 경우 강대상에서 광고하고, 매일 새벽 온 교인이 함께 이름을 부르며 기도합니다. 주보 공동 기도 제목으로 올려서 전 교인이 마음을 모아 중보하고, 각 가정 교회 예배마다, 샬롬스쿨 예배마다, 교회의 모든 기도의 자리마다 함께 부르짖습니다. 그렇게 함께 기도하다 보면 우리는 기적을 봅니다. 하나님은 공동체의 믿음을 사용하십니다. 함께 지붕을 뜯는 손, 함께 침상을 메고 가는 발걸음, 함께 부르짖는 간구의 소리 안에 하나님의 능력이 임합니다. 교회는 단순한 모임이 아닙니다. 교회는 하나님의 치유와 회복이 흘러가는 생명 공동체입니다. 우리는 그 안에서 서로의 연약함을 안고 믿음을 북돋우며, 함께 하나님의 역사를 만들어갑니다. 그래서 우리는 날마다 당당히 노래합니다.

> 죄에 빠져 헤매이다가 지쳐 버린 나의 모습은
> 못견디는 아픔 속에서 그렇게 쓰러졌을 때
> 아무도 오는 사람이 없어 정말로 난 외로웠네
> 그때 주님 내게 찾아와 사랑으로 함께 하였네
> 병든 자여 내게 오라 가난한 자 내게 오라
> 죄에 빠진 많은 사람들아 모두 다 내게 오라
> 병든 자여 내게 오라 가난한 자 내게 오라
> 죄에 빠진 많은 사람들아 모두 다 내게 오라
> (중략)
> 슬픈 자여 내게 오라 괴로운 자 내게 오라
> 삶에 지친 많은 사람들아 모두 다 내게 오라
> 슬픈 자여 내게 오라 괴로운 자 내게 오라
> 삶에 지친 많은 사람들아 모두 다 내게 오라
>
> 다윗과 요나단의 '내게 오라' 중

03

아버지께 돌아온 둘째 아들

"이에 일어나서 아버지께로 돌아가니라 아직도 거리가 먼데 아버지가 그를 보고 측은히 여겨 달려가 목을 안고 입을 맞추니." (눅 15:20)

자신의 몫을 미리 챙겨 아버지 품을 떠나는 둘째 아들

누가복음 15장은 돌아옴에 관한 이야기입니다. 잃어버린 양이 돌아오고, 잃은 드라크마가 발견되고, 둘째 아들이 아버지의 품으로 돌아옵니다. 이 세 가지 이야기는 예수님께서 우리가 얼마나 소중한 존재인지, 하나님께서 우리가 돌아오기를 얼마나 기다리시는지를 보여주는 복음의 정수입니다. 그 가운데 마지막 장면인 돌아온 둘째 아들의 비유는 더없이 감동적입니다. 멀리 떠났던 아들이 아버지의 품으로 돌아오고, 다시 아들의 자리로 회복되는 이야기입니다. 모든 것을 잃고도 모든 것을 다시 얻는 이야기. 그래서 이 이야기는 단순한 과거의 이야기가 아니라 우리 모두에게 주신 은혜의 이야기입니다.

> "하나님은 우리가 실패했기 때문에 버리시는 분이 아니라, 실패했을 때 더 가까이 오시는 분이다." - 브레넌 매닝, 『하나님의 은혜에 뛰어들다』

둘째 아들의 인생은 처음엔 괜찮아 보였습니다. 그는 자기 몫의 유산을 미리 챙겨 아버지 집을 떠납니다. 자신만의 인생을 살기 위해, 자신이 옳다고 생각한 길을 가기 위해 떠났습니다. 처음에는 쾌락을 향유할 돈도 있고 자유을 얻었기에 인생을 마음껏 앤조이 하며 살았습니다. 그러나 그런 생활은 오래 가지 않았습니다.

> "그 후 며칠이 안 되어 둘째 아들이 재물을 다 모아 가지고 먼 나라에 가 거기서 허랑방탕하여 그 재산을 낭비하더니 다 없앤 후 그 나라에 크게 흉년이 들어 그가 비로소 궁핍한지라." (눅 15:13-14)

그에게 찾아온 것은 '흉년'이었습니다. 기근의 날씨, 배고픔의 시간, 도움 받을 곳 하나 없는 절망의 계절. 그가 원했던 삶은 이런 것이 아니었을 텐데, 결국 그를 기다리고 있었던 건 '돼지가 먹는 쥐엄 열매'조차 허락되지 않는 철저한 고독이었습니다. 바닥이었습니다. 그런데 사람은 절망의 끝에서 비로소 돌아볼 수 있습니다. 둘째 아들은 돼지우리 속에서 비로소 깨달았습니다. 그곳은 그의 인생이 끝난 곳이 아니라, 새롭게 시작되는 자리였습니다.

그런데 여기서 잠시 멈춰 당시 고대 근동 사회에서 둘째 아들의 행동이 얼마나 엄청난 일인지 짚고 넘어가야 합니다. 고대 유대 사회에서 상속은 보통 아버지가 돌아가신 후에 이뤄졌습니다. 큰아들은 전체 재산의 2/3, 작은아들은 1/3을 받게 되어 있었습니다. 그런데 아직 아버지가 살아계신데 유산을 요구한다는 것은 단순히 "내 몫을 주세요"가 아니라 "아버지, 당신은 내 눈앞에서 죽은 사람입니다"라는 선언이나 마찬가지였습니다. 가족을 향한 모욕이었고 아버지의 권위를 완전히 무너뜨리는 패륜적 행동이었습니다. 그러니 이 비유를 듣던 당시 청중들은 이 이야기를 들으며 아마 놀라고 분노했을 것입니다. "어떻게 저런 아들이 있을 수 있나!" 하고 말입니다.

그런데 이 비유는 흔히 '탕자의 비유'라고 알려져 있지만, 사실 성경 본문에는 '탕자의 비유'라는 제목이 붙어 있지 않습니다. 더 정확히 말하면 '두 아들의 비유'라고 부르는 것이 맞습니다. 왜냐하면 예수님은 단순히 둘째 아들, 즉 회개한 탕자만을 이야기하려고 이 비유를 주신 것이 아니기 때문입니다. 이야기의 마지막에 초점이 맞춰지는 인물은 오히려 집에 남아 있던 큰아들입니다. 큰아들은 겉보기엔 흠잡을 데 없는 사람이었습니다. 아버지 곁을 지켰고, 충성스러웠고, 규율을 어기지 않았습니다. 그러나 그는 아버지의 마음을 전혀 이해하지 못했습니다. 둘째 아들이 돌아왔을 때 그는 분노했습니다. "나는 이 많은 세월을 아버지를 섬겼거늘…" (눅 15:29)라고 따지며, 돌아온 동생을 용납하지 못했습니다. 그는 사실상 아버지의 집 안에서 자기 나름의 의로움에 갇힌 또 하나의 '탕자'였습니다. 예수님은 이 비유를 통해 바리새인들과 율법학자들, 곧 스스로 의롭다고 여기며 죄인들을 정죄하던 이들의 영적 교만을 겨냥하셨던 것입니다. 결국 이 비유의 중심은 단순히 방탕하다가 회개한 둘째 아들에게만 있는 것이 아닙니다. 아버지의 마음을 알지 못한 큰아들에게도 초점이 맞춰져 있습니다. 둘 다 탕자였고, 둘 다 문제였습니다.

이 비유는 우리에게 묻습니다. 지금 나는 누구인가? 방황 끝에서 돌이킨 둘째 아들인가? 아니면 아버지 곁에 있으면서도 아버지의 마음을 모르는 큰아들인가? 하나님은 오늘도 두 아들을 기다리십니다. 집을 나간 자도, 집 안에 있는 자도. 오직 한가지를 위해서입니다. 아버지의 품으로 돌아오라고.

> "이에 스스로 돌이켜 이르되 내 아버지에게는 양식이 풍족한 품꾼이 얼마나 많은가 나는 여기서 주려 죽는구나 내가 일어나 아버지께 가서 이르기를 아버지 내가 하늘과 아버지께 죄를 지었사오니."
> (눅 15:17-18)

둘째 아들은 마침내 돌아가기로 결심합니다. 그것은 단순한 귀향이 아닙니다. 회개의 시작이었습니다. 그의 입술에서는 변명도, 조건도, 계산도 없었습니다. 오직 "죄를 지었습니다"라는 고백뿐이었습니다. 이 한마디가 인생을 바꿉니다. 이런 자를 하나님이 외면하신 적이 없습니다.

> "돌이킨다는 것은 삶의 방향을 바꾸는 것이 아니라, 마음의 주인을 바꾸는 것이다." - 헨리 나우웬, 『탕자의 귀향』

계산하지 않으시고 돌아오길 기다리시는 탕자의 아버지

그는 이제 자신이 아들이라 불릴 자격이 없음을 압니다. 그저 품꾼이라도 되어 밥이라도 얻어 먹고 살자는 마음뿐이었을 것입니다. 그러나 놀랍게도, 그가 마주한 것은 계산하는 아버지가 아니라 기다리던 아버지였습니다. 책망하는 아버지가 아니라 달려오는 아버지였습니다.

> "아직도 거리가 먼데 아버지가 그를 보고, 측은히 여겨 달려가 목을 안고 입을 맞추니." (눅 15:20)

여기서 '달려갔다'는 표현은 고대 유대 사회에서는 굉장히 파격적인 행동이었습니다. 당시 중동 사회에서 어른, 특히 가문의 수장이 달려가는 일은 체면을 잃는 행동으로 여겨졌습니다. 장로는 품위와 위엄을 지키기 위해 긴 옷을 입었고, 뛰려면 그 옷자락을 걷어 올려야 했는데, 이는 당시 시대상으로 보면 부끄럽고 창피한 일이었습니다. 그런데도 아버지는 거리낌 없이 달려갔습니다. 왜였을까요? 그 이유는 단순한 기쁨 때문만은 아닙니다. 율법에 따르면, 가문과 공동체를 모욕한 자식은 마을 사람들로부터 돌에 맞아 죽을 수 있었습니다.

> "사람에게 완악하고 패역한 아들이 있어 그의 아버지의 말이나 그 어머니의 말을 순종하지 아니하고 부모가 징계하여도 순종하지 아니하거든 그의 부모가 그를 끌고 성문에 이르러 그 성읍 장로들에

게 나아가서 그 성읍 장로들에게 말하기를 우리의 이 자식은 완악하고 패역하여 우리 말을 듣지 아니하고 방탕하며 술에 잠긴 자라 하면 그 성읍의 모든 사람들이 그를 돌로 쳐죽일지니 이같이 네가 너희 중에서 악을 제하라 그리하면 온 이스라엘이 듣고 두려워하리라." (신 21:18-21).

둘째 아들이 아버지의 권위를 짓밟고 재산을 탕진한 것은 단순한 가출이 아니라 공동체적 수치였기에, 그가 돌아올 때 마을 사람들이 그를 벌하기 위해 달려들 가능성이 있었습니다. 그러므로 아버지는 단지 기쁨에 겨워 달린 것이 아니라, 아들의 생명을 지키기 위해 달려간 것입니다. 아버지가 그를 먼저 감싸 안아 사람들 앞에서 그의 귀환을 선포하지 않으면, 아들은 돌에 맞아 죽을 수도 있는 상황이었습니다. 아버지는 체면도, 위엄도, 남들의 시선도 모두 내려놓고 아들을 살리기 위해, 아들의 명예를 회복시키기 위해 전력 질주했던 것입니다. 그것이 하나님의 사랑입니다. 하나님은 우리가 돌아오기만 하면 언제든 뛰어나오십니다. 멀리서부터 우리를 바라보시며, 우리가 말도 꺼내기 전에 이미 품어 안으십니다. 정죄의 돌을 막아주고, 용서의 옷을 입히시며, 아들의 반지를 끼워주십니다. 이 비유는 단순히 둘째 아들의 이야기가 아닙니다. 우리를 향한 은혜의 복음 이야기입니다. 하나님은 지금도 우리를 기다리십니다. 무너진 자리에서, 돼지우리 같은 인생에서, 다시 일어나 돌아오기만을. 그리고 돌아올 때 우리는 깜짝 놀라게 될 것입니다. 그분은 우리를 심판하지 않으시고, 정죄하지 않으시며, 오히려 우리를 위해 뛰어오시기 때문입니다.

> "하나님의 용서는 기억을 지우는 것이 아니라, 과거를 껴안고 사랑하는 것이다." - 필립 얀시, 『놀라운 하나님의 은혜』

돌아오면 탕자를 용서하시고 존귀한 자로 회복시키는 하나님

방탕한 아들은 다시 아들이 되었습니다. 아니 본래 아들이었지만 다시 그 자리를 회복한 것입니다. 그는 더 이상 돼지우리의 거지 신세가 아닙니다. 다시 아버지 집의 존귀한 자입니다. 그는 아버지를 떠나 자신을 잃었지만 아버지께 돌아와 자신을 되찾았습니다. 이 이야기의 결말은 웃음입니다. 기쁨입니다. 잔칫상입니다.

> "이 내 아들은 죽었다가 다시 살아났으며, 내가 잃었다가 다시 얻었노라 하니 그들이 즐거워하더라." (눅 15:24)

혹시 지금 인생의 흉년을 경험하고 있지 않으십니까? 어느 순간 방향을 잘못 잡아 돌아갈 용기도 잃어버린 채 방황하고 있지는 않습니까? 그렇다면 기억하십시오. 아버지 집의 문은 아직도 열려 있습니다. 아버지는 여전히 거리를 보고 계십니다. 지금은 돌아갈 때입니다. 죄가 많아도 괜찮습니다. 실패해도 괜찮습니다. 아버지는 묻지 않으십니다. 탕자의 회복은 조건이 아니라 사랑입니다. 돌아가기만 하면 아버지는 뛰어오십니다. 그리고 회복을 선포하십니다. 조금씩, 단계별로 아들의 자리를 주시는 것이 아니라 즉시 아들의 자리를 회복시킵니다. 상태에 따라 대우를 달리 하시는 하나님이 결코 아니십니다.

"회개는 수치심으로 고개 숙이는 것이 아니라, 사랑 앞에서 눈물 흘리는 것이다." - 찰스 스펄전, 『약한 자를 위한 은혜』

우리는 모두 돌아가는 길 위에 있습니다. 아버지의 마음을 다시 느끼고, 그 사랑 안에 잠기며, 진짜 집으로 돌아오는 것. 그 길에서 진정한 회복은 시작됩니다.

04

큰 폭풍 가운데 선 요나

"그가 대답하되 나를 들어 바다에 던지라 그리하면 바다가 너희를 위하여 잔잔하리라 너희가 이 큰 폭풍을 만난 것이 나 때문인 줄을 내가 아노라 하니라." (욘 1:12)

불순종하는 요나를 포기하지 않으시고 선지자로 세우시는 하나님

요나서를 펼칠 때마다 마음이 위로를 받습니다. 그는 결코 완벽하지 않았습니다. 하나님의 명령을 받고도 도망쳤고, 끝까지 고집을 꺾지 않았으며, 자신의 불만을 하나님께 그대로 토로했습니다. 그러나 그 속에 인간적인 연약함이 있었기에 우리는 요나에게서 더 많은 위로를 받습니다. 하나님께 순종하며 끝까지 달려간 요셉, 초대 교회를 세운 바울, 불같은 회개의 메시지를 외친 세례 요한과는 다르게, 요나는 도망치고, 회피하고, 눈을 감았던 사람이었습니다.

그런데 놀라운 것은, 그럼에도 불구하고 하나님은 그를 포기하지 않으셨다는 점입니다. 요나의 이야기도 은혜입니다.

"하나님은 가장 연약한 자를 통해 가장 완전한 뜻을 이루신다." (브레넌 매닝, 『하나님의 은혜에 뛰어들다』, 포이에마, 2016, 104)

요나는 도망자였습니다. 사명을 받았지만, 그 길이 싫었습니다. 그는 니느웨로 가는 대신 다시스로 가는 배를 탔고, 멀리 도망치려 했습니다. 하지만 이 도망의 길을 이해하려면, 요나가 처한 당시의 역사적·사회적 상황을 살펴볼 필요가 있습니다. 요나는 북이스라엘 여로보암 2세 시대(주전 8세기 중반)에 활동했던 선지자입니다. 열왕기하 14장 25절에 따르면, 그는 이스라엘 영토가 회복될 것이라는 하나님의 예언을 전한 선지자였습니다.

"이스라엘의 하나님 여호와께서 그의 종 가드헤벨 아밋대의 아들 선지자 요나를 통하여 하신 말씀과 같이 여로보암이 이스라엘 영토를 회복하되 하맛 어귀에서부터 아라바 바다까지 하였으니." (왕하 14:25)

즉, 요나는 북이스라엘의 민족주의자적 색채가 강한 선지자였다고 볼 수 있습니다. 그는 자신의 민족, 자신의 하나님, 자신의 땅을 지키는 것에 마음이 쏠린 사람이었습니다. 그런데 하나님은 그에게 전혀 예상치 못한 사명을 주십니다. 그것은 바로 앗수르 제국의 수도 니느웨로 가서 회개의 메시지를 전하라는 명령이었습니다. 니느웨는 당시 이스라엘을 위협하던 강력한 이방 국가의 중심 도시였습니다. 잔혹한 군사력, 폭압적인 정복, 피비린내 나는 전쟁으로 악명이 높았던 앗수르 사람들. 요나는 그들을 구원할 마음이 전혀 없었습니다. 오히려 그들이 심판받아 무너지기를 바랐습니다. 그래서 요나는 하나님의 명령을 듣고도 거부했습니다. 순종할 수 없었습니다. 그래서 그는 하나님의 얼굴을 피하여 다시스로 가는 배에 몸을 실었습니다. 당시 다시스는 지금의 스페인 남부 지역으로, 고대 지중해 세계에서 '세상의 끝'으로 불리던 먼 곳이었습니다. 요나는 하나님의 시선과 손길이 닿지 않는 끝까지 도망치려 했던 것입니다.

요나의 행동은 단순한 불순종 이상의 의미가 담겨 있습니다. 그는 하나님의 계획을 이해할 수 없었고, 그 계획에 동의할 수 없었습니다. 그는 마음속으로 이렇게 말하고 있었는지도 모릅니다.

"왜 저 악한 자들에게 기회를 주십니까?"

"왜 우리를 괴롭히던 자들에게 회개의 길을 여십니까?"

큰 바람을 보고 하나님의 뜻을 통찰하여 회개하는 요나

요나는 단지 사명을 회피한 것이 아니라 하나님의 마음을 거부한 사람이었습니다. 그러나 하나님은 그를 포기하지 않으셨습니다. 그 배 위에 하나님은 '큰 폭풍'을 일으키십니다.

"여호와께서 큰 바람을 바다 위에 내리시매…." (욘 1:4)

개역한글 성경에서는 이 장면을 "대풍"이라 표현합니다. 감히 피할 수 없는, 삶 전체를 뒤흔드는 격렬한 풍랑. 그것은 징벌이 아니라 부르심이었습니다. 하나님은 풍랑을 통해 요나를 다시 그분의 길로 부르고 계셨던 것입니다. 그 풍랑 속에서 요나는 놀라운 고백을 합니다.

"나를 들어 바다에 던지라. 그리하면 바다가 너희를 위하여 잔잔하리라." (욘 1:12)

요나는 그 고난이 자기 때문임을 알았습니다. 남 탓하지 않았습니다. 환경 탓도, 다른 사람 탓도 하지 않았습니다. 그는 분명히 말합니다.

"이 큰 폭풍을 만난 것이 나 때문인 줄을 내가 아노라." (욘 1:12)

"진정한 회개는 다른 사람을 향하던 손가락이 자기 가슴을 향하게 되는 순간이다." (찰스 스펄전, 『약한 자를 위한 은혜』, 생명의말씀사, 2015, 118)

회복은 거기서 시작됩니다. 상처도, 실패도, 무너짐도 자신으로부터 시작되었음을 인정할 때 은혜는 그곳에 임합니다. 그런 의미에서 요나는 회개한 자였습니다. 풍랑의 원인이 자신임을 깨달았기에 그는 돌아설 수 있었고, 그래서 살 수 있었습니다. 그러나 요나는 그 고백에서 멈추지 않았습니다.

"나는 히브리 사람이요, 바다와 육지를 지으신 하늘의 하나님 여호와를 경외하는 자로다." (욘 1:9)

폭풍 한복판에서도 요나는 자신의 정체성을 잊지 않았습니다. 그는 흔들리지 않았습니다. 그가 누구인지, 누구를 믿는지, 어디서 왔고 어디로 가야 하는지를 알고 있었습니다. 바다 한가운데에서조차, 요나는 신자의 고백을 잃지 않았습니다. 성도는 흔들려도 무너지지 않아야 합니다.

> "믿음은 환경 속에서 무너지는 것이 아니라, 자신의 정체성을 잊을 때 무너진다." (유진 피터슨, 『다윗: 현실에 뿌리박은 영성』, IVP, 2002, 84)

당시 요나가 탔던 배는 지중해를 항해하던 화물선이었을 가능성이 높습니다. 당시 지중해는 일반적으로 맑고 푸른 바다를 이루고 있었지만, 때때로 거센 폭풍이 몰아치면 배를 전복시키는 악명 높은 바다가 되기도 하였습니다. 선원들은 혼비백산했습니다. 각자 자기 신에게 부르짖었고, 배의 짐을 바다에 던지며 몸을 가볍게 하려 애썼습니다. 이쯤 되면 독자들은 궁금할 수 있습니다. "어떻게 사람을 바다에 던질 수 있나?" 사실 고대 항해에서는 폭풍이 심해지면 생존을 위해 극단적인 결정을 내리곤 했습니다. 이교적 문화에서는 신들의 분노를 달래기 위해 제물로 사람을 던지는 관습도 있었습니다. 하지만 요나의 경우, 선원들은 처음부터 사람을 희생시키려 하지 않았습니다. 그들은 끝까지 배를 저어 육지로 가려 했고, 무고한 피를 흘리는 것을 두려워했습니다.

> "그러나 그 사람들이 힘써 노를 저어 배를 육지로 돌리고자 하다가 바다가 그들을 향하여 더욱 흉용하므로 능히 못한지라." (욘 1:13)

회개하는 요나를 위해 큰 물고기를 예비하시는 은혜의 하나님

요나는 상황의 본질을 알고 있었습니다. 자신의 불순종이 이 폭풍의 원인이었음을 인정했고, 자신이 희생되어야 배에 탄 이들이 살 수 있음을 알았습니다. 이때 요나가 던져진 바다는 단순한 파도가 아니라 목숨을 삼킬 만큼 격렬하고 무서운 바다였습니다. 그런데 놀랍게도 하나님은 그 요나를 위해 '큰 물고기'를 예비하십니다.

> "여호와께서 이미 큰 물고기를 예비하사 요나를 삼키게 하셨으므로 …." (욘 1:17)

많은 독자들이 "그 물고기는 고래인가?"라고 묻곤 합니다. 성경은 명확히 '큰 물고기'라고만 기록할 뿐 고래인지, 상어인지, 특정 종을 밝히지 않습니다. 당시 히브리어 문화에서 '큰 물고기'는 바닷속에서 상징적으로 사람을 삼킬 수 있을 만큼 거대한 존재로 이해되었습니다. 중요한 것은 이것이 기적이었다는 점입니다. 자연적으로 사람이 물고기 뱃속에서 살아남을 수는 없습니다. 이는 전적으로 하나님의 초자연적인 섭리로 가능한 일이었습니다.

사람들은 요나를 바다에 던졌습니다. 그러나 그 바다보다 더 깊은 하나님의 손이 요나를 받아 주셨습니다. 사람은 그를 버렸지만 하나님은 그를 감싸 안으셨습니다. 그 상황에서 요나는 기도했습니다.

"요나가 물고기 뱃속에서 그의 하나님 여호와께 기도하여 이르되…." (욘 2:1)

그곳은 아무것도 없는 절망의 공간이었습니다. 빛도, 소리도, 숨통도 막힌 자리. 그러나 그곳이야말로 하나님과 가장 가까운 자리가 되었습니다. 요나는 뱃속에서 하나님을 찾았고, 기도했고, 들려졌습니다.

"하나님은, 우리가 가장 깊이 내려간 그곳에서 가장 가까이 들으신다." (헨리 나우웬, 『영적 발돋움』 은성출판사, 2003, 91)

요나는 물고기 뱃속, 폭풍의 바다 한가운데에서 마침내 깨달았습니다.

"구원은 여호와께 속하였나이다." (욘 2:9)

하나님은 그 기도를 받으셨고, 물고기는 요나를 육지로 토해 냈습니다. 죽음 같은 공간이 다시 생명의 땅으로 연결되는 순간이었습니다. 오늘 우리에게도 이런 순간들이 있습니다. 사람들이 우리를 던져버렸다고 느낄 때, 상황이 우리를 삼켜버릴 것 같은 순간, 그때 하나님은 큰 물고기를 준비하십니다. 물고기 뱃속은 끝이 아니라 시작이었습니다. 하나님은 그 깊은 곳에서 요나를 다시 세우셨습니다. 요나는 물리적으로는 삼켜진 자였고, 사회적으로는 버림받은 자였으며, 영적으로는 낙망한 자였습니다. 그러나 하나님은 그곳을 멸망의 장소로 두지 않으셨습니다. 그곳은 하나님의 재교육장이자, 부르심의 현장이었고, 요나의 심령을 새롭게 하는 은혜의 공간이었습니다.

저는 종종 우리 교회 교역자들을 보며 요나를 떠올립니다. 흥미롭게도, 우리 교역자들 중에는 목회자 자녀가 많습니다. 저를 포함해서 말입니다. 그런데 공통점이 하나 있습니다. 처음에는 어떻게든 목회자의 길을 가지 않으려 했다는 것입니다. 어떤 목사는 광주에서 목회하던 아버지와 최대한 멀리 떨어지기 위해 제주도로 학교를 선택했습니다. 어떤 목사는 결혼 전 지금의 사모에게 "나는 목회하지 않을 거야"라는 약속을 확인하고 결혼을 결심했습니다. 누군가는 학문적으로, 누군가는 사업적으로, 누군가는 예술적으로 도망쳤습니다. 그러나 하나님은 우리 모두를 그냥 두지 않으셨습니다. 인생의 중요한 길목마다 큰 풍랑을 만나게 하셨고, 그 풍랑 속에서 "내가 어디로 가고 있는가?"라는 질문을 하게 하셨습니다. 요나처럼 깊은 곳에서 돌이키게 하셨습니다. 놀랍게도 우리 모두는 그 고난을 우연이나 재앙으로 보지 않았습니다. 그 고난을 하나님의 부르심으로 해석했고, 그것이 결정적인 전환점이 되었습니다. 그래서 지금 이들과 함께 동역하는 것은 참 재미있습니다. 고난을 통해 부르심을 경험한 자들이기 때문에 쉽게 요동치지 않습니다. 인간적으로 보면 요나처럼 엉뚱하고, 한때 도망쳤던 이들이지만, 그 안에 새겨진 부르심의 흔적이 그들을 단단하게 붙잡고 있습니다.

교회의 사역은 이런 사람들, 이런 은혜의 흔적들이 모여 이뤄집니다. 하나님은 도망자들을 다시 부르시고, 그들을 통해 일하십니다. 그래서 교회는 실패자들의 모임이 아닙니다. 다시 부름 받은 자들의 모임입니다. 우리는 한때 요나였고, 여전히 요나처럼 살 때도 있지만, 하나님의 손 안에서 새롭게 달려가는 자들입니다. 그리고 그 길 위에 있을 때 우리는 하나님 나라의 기적을 경험하게 됩니다.

05

남았더라

"그 여인은 두 아들과 남편의 뒤에 남았더라." (룻 1:5)

남은 것을 통해 새 역사를 쓰시는 하나님

룻기서 1장은 상실로 가득합니다. 남편이 죽고, 아들이 죽고, 남은 것은 슬픔뿐인 것처럼 보입니다.

"나오미의 남편 엘리멜렉이 죽고 나오미와 그의 두 아들이 남았으며, 그들은 모압 여자 중에서 그들의 아내를 맞이하였는데 하나의 이름은 오르바요, 하나의 이름은 룻이더라. 그들이 거기에 거주한 지 십 년쯤에 말론과 기룐 두 사람이 다 죽고, 그 여인은 두 아들과 남편의 뒤에 남았더라." (룻 1:3-5)

나오미는 남편을 잃었고, 두 아들마저 잃었습니다. 모든 것이 끝난 것 같았습니다. 남은 것은 무거운 상실뿐이었습니다. 그러나 성경은 단순히 '죽었다'고만 기록하지 않습니다. '남았다'고 말합니다.

"믿음은 떠난 것을 세지 않고, 남은 것을 세는 것이다." (헨리 나우웬, 『영적 발돋움』, 은성출판사, 2003, 84)

우리는 본능적으로 떠난 것에 집착합니다. 잃어버린 시간, 사라진 사람, 되돌릴 수 없는 과거. 그러나 하나님은 우리에게 묻습니다.

"…네 손에 있는 것이 무엇이냐?" (출 4:2)

모세의 손에는 평범한 지팡이 하나뿐이었습니다. 그러나 하나님은 그 지팡이로 바다를 가르고 민족을 구원하셨습니다. 남은 것. 그것이 하나님의 관심입니다.

"하나님은 잃어버린 것을 아쉬워하지 않으시고, 남은 것을 통해 새 역사를 쓰신다." (유진 피터슨, 『한 길 가는 순례자』, IVP, 2007, 132)

나오미는 자신을 '마라'라고 부릅니다. '쓴 사람'이라는 뜻입니다.

"나오미가 그들에게 이르되 나를 나오미라 부르지 말고 나를 마라라 부르라 이는 전능자가 나를 심히 괴롭게 하셨음이니라." (룻 1:20)

상실과 아픔은 인생을 쓰게 만듭니다. 그러나 바로 그 쓴물 같은 자리, 절망의 한가운데서 하나님은 새 생명을 준비하고 계셨습니다.

"가장 깊은 절망 속에서도 하나님은 희망의 씨앗을 심고 계신다." (필립 얀시, 『내가 고통당할 때 하나님은 어디 계신가』, IVP, 2001, 104)

상실의 자리에서 하나님의 은혜를 기대하며 돌아오는 나오미와 룻

상실의 자리에서 나오미는 한가지 소식을 듣습니다. 하나님께서 이스라엘에 양식을 주셨다는 소식.

"그 여인이 모압 지방에서 여호와께서 자기 백성을 돌보시사 그들에게 양식을 주셨다 함을 듣고 이에 두 며느리와 함께 일어나 모압

지방에서 돌아오려 하여." (룻 1:6)

돌아갈 용기를 갖는 것이 쉬웠을까요? 성공하여 당당히 금의환향하여 돌아가면 문제가 없지만, 실패하고 고향으로 돌아간다는 것은 자신의 무능과 모든 실패를 드러내는 수치스러운 일이었습니다. 텅 빈 손으로, 비어버린 가슴으로 돌아가는 길이었습니다. 그러나 나오미는 결단합니다. 떠난 것이 아니라 남은 것을 가지고 돌아가기로. 믿음은 대단한 승리가 아닙니다. 믿음은, 다시 하나님께 돌아서는 작은 발걸음입니다.

"믿음은 큰 성취가 아니라, 다시 하나님을 향해 걷기 시작하는 것이다." (프레드릭 뷰크너,『비밀의 기쁨』IVP, 2000, 91)

나오미는 두 며느리에게 말합니다.

"너희는 각기 너희 어머니의 집으로 돌아가라." (룻 1:8)

이 말은 단순히 '고향으로 돌아가라'는 말이 아닙니다. 그것은 이제 더 이상 이스라엘과 관계없는 삶을 살라는 뜻입니다. 이방의 신에게로, 과거의 문화로, 원래의 정체성으로 돌아가라는 말입니다. 신앙의 여정을 멈추고, 익숙한 삶으로 되돌아가라는 말입니다. 오르바는 울며 돌아갑니다. 모압의 현실로, 자신의 신으로, 안정된 과거로 돌아갑니다. 눈물은 흘렸지만 결국 그녀의 발걸음은 뒤를 향했습니다.

그러나 룻은 남습니다. 붙어 있습니다. 그녀는 나오미를 붙잡는 동시에 나오미의 하나님을 붙잡았습니다.

"룻이 이르되 내게 어머니를 떠나며 어머니를 따르지 말고 돌아가라 강권하지 마옵소서 어머니께서 가시는 곳에 나도 가고 어머니께서 머무시는 곳에서 나도 머물겠나이다 어머니의 백성이 나의 백성이 되고 어머니의 하나님이 나의 하나님이 되시리니." (룻 1:16)

이 고백은 단순한 인간적 충성을 넘어선 고백입니다. 룻은 '돌아감'을 거부했습니다. 익숙하고 편한 삶을 선택하지 않았습니다. 대신 믿음의 길, 미지의 길, 고통의 길이라 해도 하나님의 백성으로 살아가는 길을 선택했습니다. 오르바는 떠났지만, 룻은 남았습니다. 하나님은 그 남은 한 사람을 통해 새로운 역사를 시작하십니다.

"하나님은 남아 있는 작은 사람 하나로 세상을 새롭게 하신다." (존 오트버그, 『만약 두려움이 없다면』, 두란노, 2014, 117)

텅 빈 인생을 들어 구원사의 문을 여시는 하나님

나오미와 룻은 베들레헴으로 돌아옵니다. 돌아왔지만 가진 것은 없습니다. 남편도, 아들도 없습니다. 재산도, 소망도 없습니다. 텅 빈 삶, 쓴물 같은 인생. 그러나 하나님은 그 빈 곳을 주목하십니다. 텅 빈 자리에 하나님은 새 생명의 씨앗을 심으십니다. 믿음은 무언가를 이루는 것이 아니라 비어 있는 자리에 하나님의 은혜를 기대하는 것입니다.

"하나님은 빈 곳을 통해 일하신다. 텅 빈 곳은 절망이 아니라 기적의 시작이다." (찰스 스윈돌, 『하나님이 주신 새로운 시작』, 도서출판 디모데, 2005, 88)

나오미와 룻은 모든 것을 잃은 것처럼 보였습니다. 그러나 그들이 가진 것이 하나 있었습니다. 하나님께 돌아가는 마음. 그것은 크지 않았습니다. 세상을 놀라게 할 만한 대단한 사건도 아니었습니다. 그저 고향으로 돌아오는 작은 발걸음이었습니다. 그러나 하나님은 그 작은 걸음을 사용하십니다. 룻은 곧 들판에 나가 이삭을 줍습니다. 가진 것 없는 인생이지만 포기하지 않았습니다. 들판의 한 모퉁이, 구부정하게 허리를 숙이고 이삭을 줍던 그 자리에, 하나님은 보아스를 준비해 두셨습니다.

룻은 당시 유력한 보아스와 만나게 됩니다. 보아스는 나오미의 친족이었습니다. 그래서 보아스는 룻을 보호합니다. 그녀를 귀히 여깁니다. 그리고 마침내 그녀를 아내로 삼습니다. 이 만남을 통해 룻은 다윗 왕의 증조모가 됩니다. 예수 그리스도의 족보에 이름을 올리게 됩니다. 떠난 것에 집착했다면, 남은 것을 붙들지 못했다면, 이 놀라운 역사는 일어나지 않았을 것입니다. 남은 것은 보잘것없어 보였습니다. 하지만 하나님의 손에 들려지자 그것은 생명의 통로가 되었습니다.

우리는 종종 실패한 과거, 깨어진 관계, 깊이 패인 마음의 상처. 잃어버린 것들 앞에서 한숨짓습니다. 그때 하나님이 물으십니다.

"네 손에 있는 것이 무엇이냐?" (출 4:2)

하나님은 사라진 것을 따지지 않으십니다. 떠나간 사람을 추궁하지 않으십니다. 하나님은 지금 내 손에 쥐어진, 아직 남아 있는 그것을 보십니다. 아무것도 아닌 것 같지만 그 작고 연약한 남은 것으로 새로운 역사를 이루시는 분이십니다.

룻기 1장은 떠나간 것을 애도하는 이야기가 아닙니다. 오히려 남은 것을 통해 다시 시작하는 은혜의 장입니다. 남편을 잃고, 아들을 잃고, 모든 것을 잃은 것처럼 보였던 나오미. 그러나 그녀 곁에는 단 한 사람, 룻이 남아 있었습니다. 그리고 그 한 사람과 함께 그녀는 다시 하나님의 땅으로 걸어갑니다. 그 걸음은 작고 불확실했지만 그 결단이 하나님의 구원사를 여는 문이 되었습니다.

떠난 것, 상실한 것에 미련을 두지 않고 아직 남아 있는 것을 통해 역사하실 하나님을 신뢰하는 것이 믿음

믿음이란 무엇입니까? 떠나간 것에 미련을 두는 것이 아닙니다. 믿음은 내 손에 아직 남아 있는 것을 통해 하나님을 신뢰하는 결단입니다.

> "하나님은 우리의 남은 것으로 충분히 일하신다. 우리가 가진 것이 아니라, 우리를 사랑하시는 하나님의 능력이 모든 것을 가능하게 한다." (찰스 스윈돌, 『하나님이 주신 새로운 시작』, 디모데, 2005, 143)

목회도 마찬가지입니다. 아마 목회자에게 가장 깊은 슬픔은 눈물로 양육했던 성도들이 떠나는 일이 아닐까 싶습니다. 어느 은퇴 목사님께 "은퇴하시니 뭐가 제일 좋으세요?" 물었더니, 이렇게 웃으며 답하셨습니다. "교인 떠난다는 소리 안 들어서 좋아." 그만큼 교인이 떠난다는 것은 목회자에게 큰 상처가 됩니다. 그런데 문제는 그 한 사람이 떠난 이후 교회 전체가 무너질 수도 있다는 것입니다. 겉으로 보기엔 그 사람이 빠져서 교회가 힘들어진 것 같지만 실상은 아닙니다. 문제는 떠난 사람 때문이 아니라 목사의 마음이 여전히 그 떠난 사람에게 묶여 있고 남아 있는 성도들에게로 돌아오지 않았기 때문입니다. 때로는 강단에서 감정이 격해져 남은 교인들이 오히려 더 큰 상처를 입는 일도 있습니다. 떠난 사람을 원망하거나, 설교 중에 돌려 말하는 식으로 정죄하고, 그 그림자에 사로잡혀 목회의 중심을 잃는 것입니다.

지금껏 저는 그 유혹 앞에서 주님의 도우심을 구하며 자유하려 애써왔습니다. 교인이 오고 가는 일은 철저히 하나님의 주권 아래 있다고 믿습니다. 그래서 붙잡지 않았습니다. 무엇보다도 떠난 사람을 향해 저주의 말은 내뱉지 않았습니다. 오히려 이별의 순간에도 축복하려고 애썼습니다. 목회의 자리는 떠난 이를 미워하며 견디는 것이 아니라 남아 있는 이를 사랑하며 일어서는 것이라 믿었기 때문입니다.

참 감사한 일은 800석 예배당에 겨우 50명이 앉아 있던 그 시간에 텅 빈 자리 대신 남아 있는 자들의 얼굴이 보였습니다. 떠난 이들을 원망할 시간도, 여유도 없었습니다. 오히려 남아 있는 자를 축복하기에 바빴습니다. 그중에는 암 투병 중에도 예배 자리를 지키던 집사님도 계셨습니다. 청빙 전, 설교를 하고 서울로 올라간 다음날부터 내내 그분의 얼굴이 떠올랐습니다. 주님의 마음이 그분 안에 머물고 있음을 느낄 수 있었습니다.

오늘 당신에게 남아 있는 것은 무엇입니까? 혹시 많은 것을 잃으셨습니까? 사람을, 시간들을, 기회를, 명예를. 그 잃은 것들 때문에 무너지고 있습니까? 괜찮습니다. 하나님은 여전히 묻고 계십니다.

"네 손에 지금 남아 있는 것이 무엇이냐?"

그 남은 것, 작고 미미해 보여도 괜찮습니다. 바로 거기서부터 새로운 이야기가 시작됩니다. 떠나간 것에 집착하거나 붙잡히지 마십시오. 남아 있는 것을 하나님께 드리십시오. 룻이 그랬던 것처럼 그 남은 한 걸음, 그 한 사람, 그 작은 결단 위에 하나님의 구원이 다시 흐르기 시작할 것입니다.

PART 03
쓰임 받음의 은혜

01

주가 쓰시겠다 하라

"이르시되 너희는 맞은편 마을로 가라 그리하면 곧 매인 나귀와 나귀 새끼가 함께 있는 것을 보리니 풀어 내게로 끌고 오라 만일 누가 무슨 말을 하거든 주가 쓰시겠다 하라 그리하면 즉시 보내리라 하시니." (마 21:2-3)

스가랴의 예언대로 유월절을 앞두고 나귀 새끼를 타고 예루살렘으로 입성하신 예수님

예루살렘은 술렁였습니다. 유월절을 앞두고, 수십만 인파가 성 안으로 몰려들었습니다. 긴장과 기대 그리고 알 수 없는 떨림이 도시를 뒤덮고 있었습니다. 바로 그때, 예수님이 나귀 새끼를 타고 예루살렘으로 들어오셨습니다. 예수님의 입성은 화려하지 않았습니다. 칼도, 창도 없었습니다. 힘과 무력이 아니라 평화와 겸손으로 오셨습니다. 그 광경은 스가랴 선지자가 예언했던 바로 그 장면이었습니다.

> "시온의 딸아 크게 기뻐할지어다 예루살렘의 딸아 즐거이 부를지어다 보라 네 왕이 네게 임하시나니 그는 공의로우시며 구원을 베푸시며 겸손하여서 나귀를 타시나니 나귀의 작은 것 곧 나귀 새끼니라." (슥 9:9)

예수님은 스가랴의 예언대로 나귀 새끼를 타셨습니다. 나귀는 전쟁의 말이 아니라 평화의 왕을 태우는 동물이었습니다. 왕의 의전마가 아니라 고난을 향한 순례자의 발걸음을 실어 나른 짐승이었습니다. 그런데 여기서 한가지 장면이 더 우리의 마음을 울립니다. 예수님은 제자들에게 이렇게 말씀하십니다.

> "이르시되 너희는 맞은편 마을로 가라 그리하면 곧 매인 나귀와 나귀 새끼가 함께 있는 것을 보리니 풀어 내게로 끌고 오라 만일 누가 무슨 말을 하거든 주가 쓰시겠다 하라 그리하면 즉시 보내리라 하시니." (마 21:2-3)

이 장면은 오늘날 개념으로 보면 의문을 가질 수 있는 대목입니다. 남의 재산을 묻지도 않고 끌고 오는 것처럼 보이기 때문입니다. 그러나 여기에는 유대 사회의 문화적 맥락과 신적 주권에 대한 이해가 담겨 있습니다.

첫째, 예수님은 이 일을 미리 준비하신 것입니다. "맞은편 마을"이라는 표현과 "곧 매여 있는 나귀와 나귀 새끼"라는 표현은 이미 그 나귀의 위치와 상황을 알고 계신 분의 말투입니다. 이것은 단순한 '지시'가 아니라 '약속된 만남'이었습니다. 전통적으로 많은 신학자들은 이 나귀의 주인이 예수님을 믿었던 사람, 혹은 그분의 사역을 알고 있었던 사람으로 해석합니다. '주가 쓰시겠다'는 말은 당시 예수님의 권위와 영향력을 인정하는 신자 공동체 내에서는 충분한 설득력이 있었던 문장이었습니다.

둘째, "주가 쓰시겠다"는 말은 '이것은 하나님의 사역에 필요한 것입니다'라는 선언입니다. 유대 전통에서는 랍비나 예언자가 하나님을 위한 목적에 무언가를 요청할 경우, 그 요청은 마치 하나님의 명령처럼 받아들여지기도 했습니다. 특히 유월절 시기에는 순례자들과 종교 지도자들을 위한 일시적 제공이 관습적으로 허용되는 일도 있었습니다. 그것은 하나의 영적 연대와 헌신의 표현이었습니다.

셋째, 제자들은 나귀를 몰래 끌고 온 것이 아니라 요청 후 주인의 허락하에 행동한 것입니다. 마가복음 11장 6절은 이렇게 설명합니다.

"제자들이 예수께서 이르신 대로 말한대 이에 허락하는지라." (막 11:6)

여기서 중요한 것은 나귀의 주인도 '하나님의 섭리 안에 있는 사람'이었다는 점입니다. 평범한 농가의 사람처럼 보였지만 그는 자기 재산이 하나님의 뜻에 사용되는 것을 기쁨으로 내어놓은 사람이었습니다.

"작은 순종이, 하나님의 구속사를 움직인다." - 팀 켈러

나귀는 평범했습니다. 값비싼 존재도 아니었고, 특별히 훈련된 존재도 아니었습니다. 하지만 그 나귀가 예수님의 마지막 여정을 실어 나르게 되었습니다. 영광의 입성 그러나 고난을 향한 입성. 거기 쓰인 것은 '주가 쓰시겠다'는 한마디에 기꺼이 내어드린 작은 순종이었습니다.

주님이 쓰시고자 할 때 무엇을 드릴 수 있는가?

오늘 우리도 그 주인의 마음을 배워야 합니다. 주가 쓰시겠다고 하실 때 우리는 무엇을 드릴 수 있습니까? 시간입니까? 물질입니까? 기도입니까? 아니면 오래 간직했던 자존심과 계획입니까? "주가 쓰시겠다."라는 이 한마디 앞에 기꺼이 내어드릴 수 있는 인생 그것이 진짜 주인을 만난 사람의 삶입니다.

마가복음은 예수님께서 타신 나귀에 대해 이렇게 설명합니다.

"아직 아무도 타 보지 않은 나귀 새끼가 매여 있는 것을 보리니." (막 11:2)

우리는 종종 생각합니다.

"준비가 되어야 쓰임 받을 수 있다."

"좀 더 배우고, 좀 더 훈련받고, 좀 더 성숙해지면 하나님께 쓰임 받을 거야."

그러나 주님은 그렇게 말씀하시지 않습니다. 주님은 지금 쓰시기를 원하십니다. 서툴러도, 부족해도 괜찮습니다. 중요한 것은 완벽함이 아니라 순종입니다. 이 나귀는 왜 선택되었을까요?

잘 훈련되었기 때문에? 경험이 많아서? 아닙니다. 오히려 "아직 아무도 타보지 않은" 나귀였다고 성경은 강조합니다. 그저 주님이 "쓰시겠다"고 하셨기에 쓰임 받은 것입니다. 주인의 말 한마디 "주가 쓰시겠다."라는 그 부르심 앞에 나귀는 순종했고, 영광의 길을 걸었습니다.

우리도 마찬가지입니다. 혹자는 경험을 강조하고, 인생의 경륜을 강조합니다. 그러나 영적 통찰력과 성령의 능력은 육적인 나이에서 나오는 것이 아닙니다. 그것은 오직 하나님께서 주권적으로 부어주시는 것입니다. 성령께서 주시는 능력은 나이를 따지지 않습니다. 젊어도 말씀을 붙들면 쓰임 받을 수 있고, 노년의 지혜를 뛰어넘는 하나님의 일을 할 수 있습니다. 시편 기자도 이렇게 고백합니다.

> "주의 법도를 지키므로 나의 명철함이 노인보다 나으니이다." (시 119:100)

우리 광주청사교회는 그래서 직분자들이 상당히 젊습니다. 세상에서도 이제 40대 당대표, 40대 대통령론이 나올 정도로 세대가 변했습니다. 그렇다면 교회에서야 말로 하나님의 부르심 앞에 나이와 조건을 따질 이유가 없습니다. 젊다고 주저하지 말고,

늦었다고 물러서지 맙시다. 하나님이 쓰시겠다고 부르신다면 그 부르심 하나면 충분합니다. 오늘도 주님은 말씀하십니다.

"주가 쓰시겠다."

계산하지 말고, 순종합시다. 완벽해질 때까지 기다리지 말고, 지금 손을 내밉시다. 당신을 통해 하나님은 여전히 영광의 일을 행하실 것입니다.

사람들은 겉옷을 펴고, 종려나무 가지를 흔들며 외쳤습니다.

"앞에서 가고 뒤에서 따르는 무리가 소리 높여 이르되 호산나 다윗의 자손이여 찬송하리로다 주의 이름으로 오시는 이여 가장 높은 곳에서 호산나 하더라." (마 21:9)

나귀는 그 환호성의 한가운데 있었습니다. 하지만 나귀에게 향한 환호는 아니었습니다. 등 위에 계신 예수님께 향한 것이었습니다.

"우리 인생이 영광을 받는다면, 그것은 우리 위에 계신 주님 때문이어야 한다." - 워런 위어스비 나귀는 자신이 환호 받는다고 착각하지 않았습니다. 그는 단지 예수님을 태웠을 뿐입니다. 우리도 마찬가지입니다. 만약 우리 인생에 박수와 영광이 있다면, 그것은 우리 때문이 아니라 우리 안에 계신 예수님 때문입니다.

"나는 그분을 높이고, 나는 그분을 드러내기 위해 존재한다."

이 고백이 우리 삶의 중심이 되어야 합니다. 예수님은 나귀를 타셨습니다. 나귀는 낮은 동물입니다. 힘도 없고, 위엄도 없습니다. 하지만 그 나귀는 세상에서 가장 위대한 분을 태웠습니다.

"가장 낮은 자리에 내려갈 때, 가장 높은 분을 태울 수 있다." - 리처드 포스터

겸손히 낮은 마음을 유지하며 주님을 높이는 인생이 가장 복된 자

겸손한 마음, 순종하는 마음. 그것이 하나님 나라의 비밀입니다. 교만은 주님을 실어 나를 수 없습니다. 자기 과시는 주님의 영광을 가릴 뿐입니다. 그러므로 우리도 나귀처럼 겸손히 주님을 태우는 인생이 되기를 소망합니다. 자랑할 것이 없는 인생, 오

직 주님을 높이는 인생이 되기를 바랍니다.

주님은 오늘도 부르십니다. 내 시간을, 내 재능을, 내 작은 헌신을. 주님은 쓰시기를 원하십니다. 부족해도 괜찮습니다. 서툴러도 괜찮습니다. 주님이 함께하시면 나의 평범함이 영광의 길이 될 것입니다.

"하나님은 능력 있는 자를 쓰시는 것이 아니라, 드려진 자를 쓰신다." - 찰스 스펄전

앞에서도 밝힌 바 있지만 자라면서 한때 목회자의 비전이 흔들렸습니다. 사람 앞에 환호를 받는 정치인의 삶이 더 멋져 보였습니다. 그러나 주의 부르심을 확인한 후 뜻을 정했습니다. 그때부터 오직 앞만 보고 달렸습니다. 사람들은 때때로 제게 말합니다.

"젊은 나이에 담임 목회를 하는 게 참 대단하십니다."

"일찍 부름을 받으셨으니 앞으로 더 큰 일을 감당하시겠네요."

그 말이 참 기쁩니다. 그것이 일찍 결단하고, 순종한 제가 누리

는 특별한 은혜이기도 합니다. 저는 아직도 많이 부족합니다. 다듬어져야 할 것도 많고, 고쳐야 할 것도 많습니다. 그러나 한가지는 자신 있게 말할 수 있습니다. 주님이 부르실 때 주저하지 않습니다. 감동을 주실 때 뒤로 물러서지 않습니다. 이해되지 않아도, 계산이 되지 않아도 어떻게든 부르심에 순종하려 몸부림칩니다. 그 이유는 단 하나, 부르심의 결과는 언제나 상상 그 이상이었기 때문입니다. 주님의 손에 쓰임 받는다는 것. 그것은 내가 무엇이 되어가는 과정이 아니라 하나님의 계획에 연결되는 은혜입니다. 오래 사는 것이 중요한 것이 아닙니다. 많은 일을 하는 것이 중요한 것이 아닙니다. 하나님의 손에 붙들리는 것이 중요합니다. 그분이 쓰시는 인생이 진짜 복된 인생입니다.

"주가 쓰시겠다."

이 부르심 앞에, 오늘도 저는 마음을 열어 고백합니다.

"주님, 부족하지만 제가 여기 있습니다. 주가 쓰시겠다면 얼마든지 내어드리겠습니다."

02

우리가 이 보배를 질그릇에 가졌으니

"우리가 이 보배를 질그릇에 가졌으니 이는 심히 큰 능력은 하나님께 있고 우리에게 있지 아니함을 알게 하려 함이라." (고후 4:7)

인간은 깨어지기 쉬운 질그릇

사도 바울은 자기 자신을 질그릇에 비유했습니다. 질그릇. 흙으로 빚은, 쉽게 깨지고 상처 입는, 초라하고 평범한 그릇. 고대 세계에서 질그릇은 누구나 가지고 있는 생활용품이었습니다. 값비싼 금그릇이나 은그릇이 아니라, 가장 흔하고, 가장 연약한, 그런 존재. 바울은 이렇게 말합니다.

"우리가 이 보배를 질그릇에 가졌으니…" (고후 4:7)

겉으로 보면 초라한 인생입니다. 흠투성이이고, 상처투성이입니다. 그러나 그 안에 '보배'가 있습니다. 바로, 복음입니다. 예수 그리스도, 그분의 은혜, 그분의 생명.

> "가장 초라한 인생도, 하나님의 보배를 품으면 세상의 어떤 것보다 귀하다." - 찰스 스펄전, 『약한 자를 위한 은혜』

질그릇 같은 인생. 연약함, 깨어짐, 한계. 그러나 그 속에 담긴 하나님의 보배. 그렇기에 인생은 빛납니다. 그렇기에 꺾이지 않습니다. 바울은 계속해서 고백합니다.

> "이는 심히 큰 능력은 하나님께 있고 우리에게 있지 아니함을 알게 하려 함이라." (고후 4:7)

능력은 우리에게 있지 않습니다. 능력은 하나님께 있습니다. 내가 연약하기에, 내가 무너질 수밖에 없는 존재이기에, 하나님의 능력이 더 빛나는 것입니다.

> "하나님은 깨진 인생을 통해 그분의 빛을 세상에 쏟아내신다." - 헨리 나우웬, 『상처 입은 치유자』

바울은 자신의 연약함을 숨기지 않습니다. 오히려 정직하게 고백합니다.

"우리가 사방으로 우겨쌈을 당하여도 싸이지 아니하며, 답답한 일을 당하여도 낙심하지 아니하며, 박해를 받아도 버린 바 되지 아니하며, 거꾸러뜨림을 당하여도 망하지 아니하고." (고후 4:8-9)

인생은 사방에서 몰려오는 압박의 연속입니다. 숨이 막히는 순간들, 출구가 보이지 않는 길. 그러나 우리는 싸이지 않습니다. 낙심하지 않습니다. 버림받지 않습니다. 망하지 않습니다. 왜냐하면 질그릇 안에 보배가 있기 때문입니다. 우리가 넘어질 때마다, 흔들릴 때마다, 깨질 것 같은 위기에 처할 때마다, 하나님은 우리 속에 숨겨진 보배를 다시 빛나게 하십니다. 질그릇은 연약하고 깨지기 쉽습니다. 흠집도 금방 납니다. 그러나 놀랍게도 깨진 틈을 통해 하나님의 빛이 더 강렬하게 흘러나옵니다. 고통은 우리의 가면을 벗기고 연약함은 하나님의 능력을 드러냅니다.

"부서진 인생을 통해서만 흐를 수 있는 은혜가 있다." - 브레넌 매닝, 『하나님의 은혜에 뛰어들다』

자신의 지경을 넓혀 주시기를 간구함으로 응답받아 복의 주역이 된 야베스

혹시 야베스(Jabez)를 아십니까? 역대상 4장, 유다 지파의 족보를 요약하는 중에 불쑥 등장하는 인물입니다. 다윗의 후손 이야기 중간에 마치 짧은 주석처럼 끼어든 이름. 사실 역대기서가 아니었다면 우리는 야베스가 누군지도 잘 몰랐을 것입니다. 출생 배경도, 구체적인 삶의 기록도 거의 남아 있지 않습니다. 다만 한 가지는 분명합니다. 그는 굉장히 어려운 시대에 살았던 사람입니다. 야베스라는 이름의 뜻은 "내가 수고로이 낳았다."입니다.

> "야베스는 그의 형제보다 귀중한 자라 그의 어머니가 이름하여 이르되 야베스라 하였으니 이는 내가 수고로이 낳았다 함이었더라." (대상4:9)

그의 어머니는 그 아이를 낳으면서 큰 고통을 겪었고, 어쩌면 목숨이 위태로운 난산을 했던 것 같습니다. 그 시절 난산은 산모에게 큰 위험이었고, 라헬조차 베냐민을 낳다가 죽었음을 우리는 압니다. 더군다나 야베스의 시대는 유다가 망하고, 바벨론 포로 생활로 끌려가 있던 암울한 때였습니다. 아이를 낳는 것 자체가 큰 부담이었고, 미래에 대한 희망이 거의 없는 시대였습니다.

대부분의 사람들은 그저 하루하루를 버텨낼 뿐이었습니다.

그런데 야베스는 달랐습니다.

"야베스는 그의 형제보다 귀중한 자라." (대상 4:9)

당시 사람들은 포로 생활에서 살아남기 위해 세상과 타협했습니다. 그 나라의 신을 섬기기도 했고, 그 나라의 풍습을 따라갔습니다. 하지만 야베스는 하나님만 주인 삼았습니다. 어려운 시대에도 신앙의 중심을 잃지 않았고, 형제들보다 신앙이 뛰어났기에 "귀중한 자"로 불렸습니다. 그는 이렇게 하나님께 아뢰며 기도합니다.

"야베스가 이스라엘 하나님께 아뢰어 이르되 주께서 내게 복을 주시려거든 나의 지역을 넓히시고 주의 손으로 나를 도우사 나로 환난을 벗어나 내게 근심이 없게 하옵소서 하였더니 하나님이 그가 구하는 것을 허락하셨더라." (대상 4:10)

야베스는 어려운 환경에 눌리지 않았습니다. 오히려 지경을 넓혀 달라고 담대히 구했습니다. 남들은 움츠릴 때, 그는 확장을 꿈꿨습니다. 남들은 체념할 때 그는 하나님께 달려갔습니다. 오늘날 우리에게 필요한 것도 바로 이런 자세입니다. 야베스처럼 우리는 물어야 합니다. "무엇이 진짜 복인가?" 더 확장되는 것이 복입니다. 그런데 갈수록 위축되는 분위기입니다. 부자가 될수록, 높아질수록 오히려 복음의 지경은 줄어듭니다.

릭 워렌 목사님은 이렇게 말했습니다.

"군대의 능력은 식당에 앉아서 밥을 먹는 사람이 몇 명인가에 달려 있지 않고, 총을 들고 전쟁터에 나가는 사람이 얼마나 되는가에 달려 있다."

교회의 능력도 마찬가지입니다. 예배당에 앉아 있는 숫자보다 얼마나 많은 은혜를 세상으로 흘려보내느냐가 교회의 진짜 힘입니다. 하나님께서 우리 모두에게 주신 복은 움켜쥐라고 주신 것이 아닙니다. 흘려보내라고 주신 것입니다. 언제까지 움츠리고, 손을 꼭 쥐고만 있을 것입니까? 예수님은 말씀하셨습니다. "갈 것 없다. 너희가 먹을 것을 주어라."

"예수께서 이르시되 갈 것 없다 너희가 먹을 것을 주라." (마 14:16)

하지만 우리의 마음은 늘 이렇게 속삭입니다. "못합니다. 안

됩니다. 다음에 하겠습니다." 우리는 자신의 부족을 계산하고, 환경을 두려워하지만 하나님은 오늘도 우리를 믿어주십니다. 안 된다 할 때에도 "너는 할 수 있다" 하십니다. 하나님은 차고 넘치게, 흘러가게 하시는 분입니다. 제발 안정을 찾지 마십시오. 하나님은 여전히 우리의 기도를 기다리고 계십니다. 환경이 어둡고 길이 막힌 것 같아도 우리의 손을 열어 복의 지경을 넓히기를 원하십니다. 이제 야베스처럼 하나님께 아뢰며 나아갑시다. 그리고 그 부르심 안에서 담대히 복의 주역이 됩시다.

역사의 암울한 시기에도 두려움을 넘어서 모험을 시작하고 희망을 노래하는 사람들

역사는 우리에게 이런 용기와 도전의 본보기를 남겨줍니다. 아메리카 대륙의 최초 발견자 크리스토퍼 콜럼버스. 그가 항해를 시작한 1492년, 유럽 남부는 절망과 죽음의 시기였습니다. 큰 지진, 페스트, 콜레라가 유행하며 인구의 1/3이 목숨을 잃었습니다. 사람들은 두려움에 짓눌려 심지어 독일에서 발간된 『뉴렌버그 연대기』에는 "1년 안에 지구 종말이 올 것이다"라는 비관적인 메시지가 퍼졌습니다. 그러나 콜럼버스는 이렇게 외치며 모험을 시작했습니다. "저 바다 끝에는 반드시 새로운 세계가 있다." 그 믿음이 신대륙 발견으로 이어졌습니다. 새로운 역사는 두려움을 넘은 자의 손에서 시작되었습니다.

1930년대 미국 경제 대공황 시절에 당시 대통령 루스벨트는 이렇게 말했습니다.

"불황보다 더 두려운 존재는 두려움을 갖는 생각이다. 우리가 희망을 이야기한다면, 불황은 두렵지 않다."

불황보다 무서운 것은 두려움 그 자체였습니다. 무너지는 것은 환경이 아니라 마음입니다. 전설적인 록큰롤 가수 엘비스 프레슬리는 어린 시절, 점쟁이가 그에게 이렇게 말했습니다. "너는 43세에 죽을 것이다." 그 말이 그의 머릿속을 떠나지 않았습니다. 두려움이 그의 삶을 집어삼켰습니다. 결국 그는 마약에 중독되어 43세에 실제로 세상을 떠났습니다. 점쟁이가 미래를 예언한 것이 아니었습니다. 그의 삶을 무너뜨린 것은 두려움이었습니다.

하나님은 기드온에게 명령하셨습니다. "두려워 떠는 자는 돌아가게 하라."

"이제 너는 백성의 귀에 외쳐 이르기를 누구든지 두려워 떠는 자는

> 길르앗 산을 떠나 돌아가라 하라 하시니 이에 돌아간 백성이 이만 이천 명이요 남은 자가 만 명이었더라." (삿 7:3)

2만 2천 명이 돌아갔습니다. 싸움은 숫자로 이기는 것이 아닙니다. 싸움은 두려움을 이긴 자들이 하는 것입니다. 교회도 그렇습니다. 장자 교회로 세워지는 힘은 숫자가 아니라 사자의 심장입니다. 자본이 아니라 믿음입니다. 남들보다 큰 건물이 있어야만 되는 것이 아니라 큰 사명을 얼마나 붙들었는가가 중요합니다.

저는 처음부터 "빚 갚는 목회를 하지 않겠다. 주님의 일을 하겠다."라고 선언했습니다. 자칫 부채에 매몰되어 큰 사명을 놓칠 수 있겠다는 절박한 마음이 있었기 때문입니다. 선교의 지경을 해외 선교에서 교육 선교, 지역 선교, 비즈니스 선교, 문화 선교로 적극 확대했습니다. 그럴 때마다 주변에서 말했습니다. "지금 우리 형편에 그게 가능하겠어요?" 하지만 하나님은 언제나 우리를 믿어주셨습니다. 안 된다 할 때에도 할 수 있다 하셨고, 필요한 것들을 공급하여 주셨습니다.

부디 멈추지 맙시다. 움켜쥐려고만 하지 맙시다. 오히려 하나님 앞에 두 손을 펴고 구합시다. 야베스처럼 "주여, 나의 지경을 넓히소서." 그리고 그 꿈을 따라 함께 달려갑시다.

장애인 조니(Joni)를 통해 수많은 영혼을 치료하시는 하나님

조니 에릭슨 타다(Joni Eareckson Tada)라는 사람이 있습니다. 그녀는 1949년 미국 메릴랜드주 볼티모어에서 태어났습니다. 운동을 좋아하던 17살 소녀였던 그녀는 1967년 7월 30일, 체서피크 만(Chesapeake Bay)에서 다이빙 사고를 당해 경추 4-5번이 골절되며 전신마비 판정을 받았습니다. 목 아래로는 어떤 신경도 움직이지 않았고, 평생 휠체어에 의존해야 하는 삶이 시작된 것입니다. 그녀는 처음 깊은 우울과 신앙적 절망에 빠졌습니다. 기도를 해도 응답이 없고, 이유도 보이지 않는 고난 앞에서 하나님께 분노하며 절규했습니다.

하지만 그녀는 이 고통 가운데서 하나님의 은혜를 새롭게, 깊게 체험하게 됩니다. 그녀는 입에 붓을 물고 그림을 그리기 시작했습니다. 음성 인식 소프트웨어를 이용해 책을 쓰기 시작했고, 1976년 출간된 자서전 『조니(Joni)』는 전 세계적으로 500만 부 이상 팔리며 1980년에는 그녀가 직접 주연한 영화로도 제작되었습니다. 1979년, 조니는 장애인 사역 단체 '조니 앤 프렌즈(Joni and Friends)'를 설립합니다. 이 사역은 전 세계 장애인들에게 복음과 실질적인 도움을 제공하고 있으며 휠체어 보급, 가족 수련회, 교회 교육 사역 등을 통해 '약한 자에게 강한 하나님'을 증언하고 있습니다. 그녀는 또한 두 차례 유방암을 극복했고, 최근에는 폐렴으로 입원했지만 다시 회복하였습니다. 그녀의 곁에는 일본계 미국인으로 은퇴한 역사 교사인 남편 켄 타다(Ken Tada)가 함께하고 있습니다.

조니는 이렇게 고백합니다.

"하나님은 나를 고치지 않으셨습니다. 그러나 나를 통해 수많은 이들을 고치셨습니다."

그녀의 몸은 여전히 질그릇처럼 약하고 제한되어 있지만, 그 깨어진 틈 사이로 생명의 빛이 흘러나와 수많은 영혼을 치유하고 회복시키는 통로가 되고 있습니다.

혹시 지금, 당신의 삶도 너무 많이 깨어졌다고 느끼십니까? 사람들 앞에 내놓기 어려운 상처와 흠집, 지워지지 않는 실패의 흔적 때문에 하나님 앞에 쓰임 받을 수 없다고 생각하십니까? 아닙니다. 하나님은 흠 없고 완전한 그릇을 찾으시지 않습니다. 오히려 깨어진 그릇을 통해 하나님의 영광을 쏟아내십니다. 질그릇이기 때문에 사람이 아닌 하나님이 드러납니다. 그러니 부끄러워하지 마십시오. 감추려 하지 마십시오. 그대로 드리십시오. 하나님은 바로 그런 당신의 삶을 통해 수많은 생명을 살리시고, 그분의 영광을 증거 하실 것입니다.

바울은 마지막에 이렇게 말합니다.

"그러므로 우리가 낙심하지 아니하노니, 우리의 겉사람은 낡아지나 우리의 속사람은 날로 새로워지도다." (고후 4:16)

"우리가 이 보배를 질그릇에 가졌으니…."

03

엘리와 사무엘

"아이 사무엘이 엘리 앞에서 여호와를 섬길 때에는 여호와의 말씀이 희귀하여 이상이 흔히 보이지 않았더라." (삼상 3:1)

하나님의 말씀을 떠나 영적으로 둔감해져 하나님의 음성을 들을 수 없었던 엘리

한밤의 고요를 깨는 것은 언제나 하나님의 음성이었습니다. 그러나 사무엘 시대, 하늘은 침묵하고 있었습니다. 하나님의 말씀이 희귀했습니다. 이상(異像)이 흔히 보이지 않았습니다. 백성들은 어두운 밤을 걷고 있었습니다. 지도자들은 방향을 잃었고, 제사장들은 눈이 어두워져 있었습니다.

"하늘이 침묵할 때, 땅은 길을 잃는다." - A.W. 토저, 『하나님을 갈망하라』

엘리. 한때는 하나님의 음성을 들었던 제사장. 그러나 이제는 무거운 눈꺼풀을 떨며 침상에 누워 있었습니다.

"엘리의 눈이 점점 어두워 가서 잘 보지 못하는 그 때에." (삼상 3:2)

육신의 눈뿐 아니라 영적인 눈도 어두워져 있었습니다. 어디서부터 잘못된 것일까? 엘리는 아들들의 죄를 보고도 책망만 할 뿐 결단하지 않았습니다. 경고는 했지만 단호한 순종은 없었습니다. 말씀이 희귀했던 것은 하나님의 침묵이 아니라 인간의 무관심 때문이었습니다.

"하나님은 끊임없이 말씀하신다. 문제는 들을 귀가 없다는 것이다." - 프란시스 셰퍼, 『하나님은 침묵하지 않으신다』

당시 이스라엘은 블레셋의 위협에 시달리고 있었습니다. 외적으로도, 내적으로도, 위기의 시대였습니다. 그러나 정작 제사장은 처소에 누워 있었습니다. 움직이지 않았습니다. 싸우지 않았습니다. 깨어 있지 않았습니다.

"엘리는 자기 처소에 누웠고…." (삼상 3:2)

하나님 나라의 사명은 단순히 머무는 것이 아닙니다. 싸워야 하는 일이며 잠든 영혼을 깨우는 일입니다. 그러나 엘리 제사장은 그러지 않았습니다. 그는 사명이 아닌 자기 처소에 안주했습니다. 거룩한 전쟁 대신 편안한 침상을 택했습니다. 하나님의 음성 앞에서도 더 이상 일어나지 않는 사람, 그가 바로 엘리였습니다.

"신앙은 머무름이 아니다. 신앙은 끊임없이 움직이는 행진이다." - E. 스탠리 존스, 『영적 순례』

역사의 어두운 시대 하나님이 세우신 새로운 리더 사무엘

그러나 그 어두운 시대 한가운데서 하나님은 한 아이를 준비하고 계셨습니다. 사무엘. 어린아이. 누구도 주목하지 않는 존재. 그러나 하나님의 시선은 그 위에 머물러 있었습니다. 하나님은 언제나 새로운 세대를 준비하십니다. 누군가가 침상에서 안주할 때 하나님은 들을 귀를 가진 아이 하나를 일으키십니다.

"말씀하옵소서, 주의 종이 듣겠나이다." (삼상 3:10)

저는 오래 전부터 새벽기도의 중요성을 강조해 왔습니다. 그리고 그 기도의 자리에 어린 사무엘들과 같은 주일 학생들을 불러냈습니다. 왜냐하면 한국 교회의 부흥은 새벽기도와 결코 무관하지 않다는 사실을 확신했기 때문입니다. 언제부터인가 한국 교회 직분자들조차 새벽기도를 부담으로 여기기 시작했습니다. 아예 새벽 예배가 없는 교회를 찾고, '그런 것 강요하지 않는 교회가 좋다'고 말합니다. 조금 심한 말 같지만 꼭 영적 나태함에 빠진 엘리의 모습을 보는 것 같았습니다. 비판하고 싶은 마음은 없습니다. 다만 오늘도 새벽에 '사무엘아' 부르시는 하나님의 음성이 귀에 쟁쟁하게 들릴 뿐입니다. 감사하게 우리 교회는 그 부르심에 순종했습니다. 그 결과 놀라운 새벽 부흥을 경험하게 되었습니다. 주일 학생들이 매일 새벽 예배 장년들과 똑같이 자리에 앉아, 찬양하고 기도하고 담임목사의 말씀을 듣습니다. 그 모습은 감동을 넘어 사무엘 시대의 영광을 보는 것 같습니다.

사무엘의 "말씀하옵소서" 한마디가 이스라엘의 역사를 흔들었듯 우리 아이들의 새벽기도가 지금 광주를 흔들고 있습니다. 듣는 자를 통해 하나님은 침묵을 깨십니다. 밤은 깊었습니다. 어둠은 짙었습니다. 그러나 하나님은 사무엘을 부르셨습니다. 그 부르심은 여전히 오늘도 우리의 새벽 가운데 들려오고 있습니다. 저는 찬송가 582장, '어둔 밤 마음에 잠겨' 가사가 너무 좋습니다.

우리나라의 영적 분위기를 잘 담아낸 것 같습니다. 어둔 밤 마음에 잠겨 역사에 어둠 짙었을 때에 새벽기도를 통하여 이 땅에 부흥이 왔습니다. 길이 꺼지지 않는 인류의 햇불로 타올라야 합니다. 기도가 답입니다.

1절
어둔 밤 마음에 잠겨 역사에 어둠 짙었을 때에 계명성 동쪽에 밝아 이 나라 여명이 왔다
고요한 아침의 나라 빛 속에 새롭다 이 빛 삶 속에 얽혀 이 땅에 생명 탑 놓아간다

2절
옥토에 뿌리는 깊어 하늘로 줄기 가지 솟을 때 가지 잎 억만을 헤어 그 열매 만민이 산다
고요한 아침의 나라 일꾼을 부른다 하늘 씨앗이 되어 역사의 생명을 이어가리

3절
맑은 샘 줄기용 솟아 거칠은 땅에 흘러 적실 때 기름진 푸른 벌판이 눈앞에 활짝 트인다
고요한 아침의 나라 새 하늘 새 땅아 길이 꺼지지 않는 인류의 햇불 되어 타거라

사무엘은 성장했습니다.

"사무엘이 자라매 여호와께서 그와 함께 계셔서 그의 말이 하나도 땅에 떨어지지 않게 하시니." (삼상 3:19)

하나님은 그를 세우셨습니다. 그의 입술을 사용하셨습니다. 그의 생애를 통해, 침묵을 깨고, 시대를 새롭게 하셨습니다. 엘리는 무너졌지만 사무엘은 세워졌습니다. 엘리는 눈이 어두워졌지만 사무엘은 하늘의 이상을 보았습니다. 오늘 우리 시대도 같습니다. 말씀이 희귀합니다. 이상이 사라졌습니다. 비전이 흐려졌습니다. 그러나 하나님은 여전히 부르십니다. 누군가를 찾고 계십니다.

"말씀하옵소서. 주의 종이 듣겠나이다."

이 한마디를 기다리고 계십니다. 귀를 막고 살아가는 세대 속에서 하나님의 음성에 귀를 여는 자. 편안한 처소를 떠나 하나님의 부르심에 달려가는 자. 그들을 통해 하나님은 다시 세상을 뒤흔드십니다.

"한 사람이 듣고 순종하면, 온 시대가 변할 수 있다." - 디트리히 본회퍼, 『나를 따르라』

밤은 여전히 어둡습니다. 그러나 어둠이 깊을수록, 하늘은 새벽을 준비합니다. 귀를 열어야 합니다. 심장을 열어야 합니다.

"여호와의 말씀이 희귀하여 이상이 흔히 보이지 않았더라." (삼상 3:1)

당신은 윌리엄 시모어(William J. Seymour)처럼 하나님의 부르심에 응답하는 영적 귀가 있는가?

1906년 미국 로스앤젤레스의 한 작은 집에서 한 흑인 목회자가 무릎 꿇은 채 성령을 기다리고 있었습니다. 그는 윌리엄 시모어(William J. Seymour)였습니다. 한쪽 눈이 실명된, 가난하고 말도 더듬는 설교자였습니다. 그에게는 크고 화려한 강단도, 유창한 말솜씨도 없었습니다. 그러나 그에게는 하나님의 부르심에 응답하는 귀가 있었습니다. 그는 듣고 있었습니다. 그리고 인종, 계층, 언어를 초월해 성령이 다시 부어질 것을 믿고 기다리고 있었습니다. 그 기도 가운데 한 여성의 방언 터짐을 시작으로 전 세계를 뒤흔든 아주사 부흥(Azusa Revival)이 시작되었습니다. 사람들은 몰려들었고 거기서 흘러나간 성령의 물결은 20세기 세계 오순절 운동의 기초가 되었습니다. 당시 주류 교계는 시모어를 무시했습니다. 신문은 그를 조롱했고 교단은 그를 받아들이지 않았습니다. 그러나 하나님은 그를 통해 새 일을 시작하셨습니다.

하나님의 부르심은 언제나 소수의 귀에 들립니다. 그 부르심에 응답하는 자를 통해, 침묵의 시대는 끝나고 말씀의 시대가 다시 열립니다. 오늘도 누군가가 "말씀하옵소서, 주의 종이 듣겠나이다"라고 새벽의 어둠 속에서 고백할 때, 그곳에서 하나님의 나라가 다시 시작된다는 사실을 잊지 마십시오. 부디 하나님의 음성에 귀를 기울이시길 바랍니다.

04

더 받을 줄 알았더니

"먼저 온 자들이 와서 더 받을 줄 알았더니 그들도 한 데나리온씩 받은지라." (마 20:10)

오직 받은 은혜를 깊이 생각하여 감사하고 타인과 비교하여 계산하지 말자

마태복음 20장은 '포도원 품꾼의 비유'라 불리는 이야기입니다. 한 포도원 주인이 날마다 시장에 나가 품꾼을 불러 일하게 합니다. 어떤 사람은 아침 일찍부터, 어떤 이는 정오에, 어떤 이는 오후 늦게 부름을 받았습니다. 그런데 하루를 결산하면서 주인은 놀랍게도 모두에게 똑같이 한 데나리온을 지급합니다. 이때,

가장 먼저 온 품꾼들이 항의합니다.

"왜 우리는 더 받지 못합니까?"

"불만입니다. 억울합니다"

그들의 논리는 분명했습니다.

"우리는 더 오래 일했으니 더 많이 받아야 합니다."

그러나 주인의 입장은 다릅니다. 그들에게 약속한 임금은 분명 '한 데나리온'이었습니다. 그 약속을 지켰을 뿐입니다. 그런데 이 불만은 결국 우리 안에도 있는 마음을 드러냅니다. 더 인정받고 싶고, 특별한 대우를 받고 싶은 마음. 하나님의 은혜조차도 비교와 자격의 기준으로 받아들이는 태도. 그래서 예수님은 이 비유를 말씀하셨습니다. 그 먼저 온 품꾼처럼 되지 말라고.

> "은혜를 은혜로 받아들이지 못하는 자는, 끝내 그 은혜에서 밀려나게 된다." (필립 얀시, 『놀라운 하나님의 은혜』, IVP, 2001, 139)

가장 먼저 온 품꾼들은 착각했습니다. 자신이 '특별한 존재'라고 여겼습니다. 더 열심히 일했기 때문에 더 대접받아야 마땅하다고 믿었습니다. 그러나 그 마음의 바탕엔 감사도 감격도 없었습니다. 단지 계산과 기대만 있었습니다. 교회 안에도 이런 품꾼이 있습니다.

"나는 오래 다녔는데."

"나는 먼저 헌신했는데."

"나는 누구보다 많이 섬겼는데."

그래서 더 인정받고 싶어 합니다. 그러나 복음은 자격이 아니라 은혜입니다. 먼저 왔다고 더 받는 것이 아니라 불러주신 것 자체가 은혜입니다.

"하나님의 은혜는, 모든 자격을 무력화시키는 파격이다." (브레넌 매닝, 『하나님의 은혜에 뛰어들다』, 포이에마, 2016, 97)

바울은 이렇게 고백했습니다.

"그러나 내가 나 된 것은 하나님의 은혜로 된 것이니 내게 주신 그의 은혜가 헛되지 아니하여 내가 모든 사도보다 더 많이 수고하였

으나 내가 한 것이 아니요 오직 나와 함께 하신 하나님의 은혜로라." (고전 15:10)

항상 무익한 종이라 여기고 사도 바울처럼 받은 은혜에 감사하며 더욱 헌신하자

우리는 본래 무익한 종일뿐입니다. 맡겨진 일을 그저 묵묵히 감당할 뿐 대우나 보상을 기대할 자격은 없습니다. 결과와 평가, 상급은 오직 주인에게 속한 일입니다. 일한 대로 임금을 받으면 그것으로 족합니다. 그러나 사람은 언제나 비교하고 싶어지고, 더 많은 것을 기대합니다.

"받은 후 집 주인을 원망하여 이르되." (마 20:11)

주님은 그런 마음을 꿰뚫어 보십니다. 우리는 본래 무엇을 얻기 위해 일하는 것이 아닙니다. 그저 은혜로 불러주신 자리에서 감격하며 수고할 뿐입니다.

저는 부교역자 사역을 한 교회에서 시작하여, 마무리했습니다. 그곳은 제게 잊을 수 없는 은혜의 훈련장이었습니다. 신학대학원 시절, 실천신학 교수님이었던 목사님을 수업에서 처음 만났는데, 첫 강의에서부터 마치 심장이 뚫리는 것과 같은 강렬한 감동을 받았습니다. 그 감동을 가슴속에만 묻어둘 수 없어 강의 후 편지를 썼습니다. 감사의 고백을 담은 그 편지가 목사님 손에까지 전해졌다는 사실은 뒤늦게 알았습니다. 사실 목사님께는 이미 수십 통의 편지가 쏟아지고 있었지만, 놀랍게도 제 편지가 눈에 띄었던 것입니다. 얼마 지나지 않아 목사님께서 직접 연락을 주셨습니다. 방학 중인데도 저를 만나러 내려오시겠다는 것입니다. 전화를 받던 저는 하던 일을 멈추고 무릎을 꿇고 전화를 받을 만큼 가슴이 벅찼습니다. 그 만남에서 목사님은 첫마디부터 이렇게 말씀하셨습니다. "서울로 와서 함께 사역하자." 솔직히 좋았지만 두려웠습니다. 그래서 아버지와 의논해야 한다며 조심스레 답했습니다. 당시 저는 아버지께서 섬기시는 강진 영광교회에서 전도사로 사역 중이었기에, 그것을 핑계 삼아 망설였습니다. 그러나 목사님은 포기하지 않으셨습니다. 저와 아버지까지 설득하셔서 결국 저는 서울로 가게 되었고, 그때의 감동과 설렘을 지금도 잊지 못합니다.

모든 것이 꿈만 같았습니다. 무엇을 맡겨주셔도 감사했고, 무엇을 시키셔도 감격이었습니다. 존경하는 목사님을 모시고 올림픽대로를 달릴 때면, 이것이 정말 꿈인가 싶었습니다. 교육전도

사였음에도 저에게 맡겨지는 사역의 내용은 전임사역자 못지않았습니다. 지금 돌이켜보면 당시의 저는 아마 누구도 이길 수 없을 만큼 열정으로 불타 있었습니다. 설교를 할 때도 담임목사님이 계신 자리에서는 한 치의 흐트러짐도 없이 최고의 집중력과 폼을 다 잡으며 설교했습니다. 심지어 목사님이 계시지 않은 자리에서도 그 열정은 다르지 않았습니다. 왜냐하면 제 안에는 이런 고백이 있었기 때문입니다.

"담임목사님은 세계적인 설교자이시다. 목사님이 쓰신 저서는 보배 중의 보배다. 나의 모든 사역은 그분의 것이다."

아내의 고백을 빌리자면, "처음에는 그냥 좋아서 흉내 내는 줄 알았는데, 시간이 지나 보니 두 사람은 아예 같은 사람인 것 같았다"고 했습니다. 무슨 일을 맡아도, 어떤 사역을 감당해도, 그저 감격하며 했습니다. 결코 먼저 온 품꾼의 태도를 가질 수 없었습니다. 그래서 교인들도 많은 사랑을 베풀어 주었습니다. 교인들은 진심을 아는 것 같습니다. 돌이켜보면 이 모든 것은 내 능력이 아니라 하나님의 은혜였습니다. 바울이 고백한 그대로입니다.

"내가 수고하였으나 내가 한 것이 아니요 오직 나와 함께하신 하나님의 은혜로라." (고전 15:10)

사역을 감격으로 감당하는 사람은 피곤하지 않고, 자리를 따지지 않는다

본문에서 부름 받은 자들은 모두 대단한 사람들이 아니었습니다.

"종일토록 놀고 서 있는 사람들." (마 20:6)

그들은 자격도 없었고, 능력도 특별하지 않았습니다. 요즘 말로 '루저'(loser)들이었습니다. 그런데 불러주셨습니다. 일하게 하셨습니다. 그 자체가 기적이고 은혜였습니다. 그러나 그들은 그 사실을 까마득히 잊었습니다.

"감사가 사라진 순간, 섬김은 사명이 아니라 노동이 된다." (헨리 나우웬, 『상처 입은 치유자』, IVP, 1992, 52)

사역을 감격으로 감당하는 사람은 피곤하지 않습니다. 자리를 따지지 않습니다. 누가 나보다 주목받는지 살피지 않습니다. 그는 오늘도 기쁨으로 일할 뿐입니다. 저는 지금도 설교가 피곤하지 않습니다. 성도들을 향한 마음이 버겁지 않습니다. 광주청사교회를 섬기는 감격이 있기 때문입니다. 강단에 서는 그 순간, 하나님 앞에서 다시 뜁니다. 감격은 모든 피로를 뛰어넘게 만듭니다.

"나중 온 이 사람들은 한 시간밖에 일하지 아니하였거늘 그들을 종일 수고하며 더위를 견딘 우리와 같게 하였나이다." (마 20:12)

못된 품꾼들의 또 다른 문제는 남과 비교한 데 있었습니다. 사명 의식이 아니라 비교 의식, 감사함이 아니라 열등감이 문제였습니다. 우리도 그렇습니다.

"왜 나는 이만큼밖에 못 받나?"

"저 사람은 왜 더 인정받나?"

비교하기 시작하면 모든 은혜는 사라지고 불평만 남습니다.

"열등감은 타인의 은혜를 시기하게 만들고, 자신의 은혜를 무효화시킨다." (유진 피터슨, 『다윗: 현실에 뿌리박은 영성』, IVP, 2002, 78)

하나님은 우리 각자에게 필요한 만큼의 달란트를 맡기십니다.

누구는 다섯 달란트, 누구는 둘, 누구는 하나. 그것은 하나님께 속한 분배입니다. 우리는 맡겨진 것을 기쁨으로 받아 충성하면 됩니다.

> "각각 은사를 받은 대로 하나님의 여러 가지 은혜를 맡은 선한 청지기 같이 서로 봉사하라." (벧전 4:10)

다른 사람과 비교하지 마십시오. 남의 목걸이가 진짜든 가짜든 내 것이 아니라면 그것으로 충분합니다. 하나님이 주신 몫이면, 그 어떤 것도 아깝지 않습니다. 본문의 비유는 결코 일한 시간에 대한 이야기가 아닙니다. 마음의 태도에 대한 이야기입니다. 먼저 온 이들은 먼저 왔지만 은혜에서 멀어졌습니다. 늦게 온 이들은 비록 짧은 시간이었지만 은혜를 은혜로 받았습니다. 우리 모두가 일꾼입니다. 포도원에 불러주신 것만으로도 감사해야 합니다. 일할 수 있는 자리, 쓴맛과 단맛이 섞인 주인의 품에서 묵묵히 품을 팔 수 있음이 복입니다. 주님의 포도원에서 끝까지 은혜의 자리에 머무는 겸손한 품꾼이 되기를 소망합니다.

PART 04
승리의 은혜

01

전쟁은 여호와께
속한 것이다

"또 여호와의 구원하심이 칼과 창에 있지 아니함을 이 무리에게 알게 하리라 전쟁은 여호와께 속한 것인즉 그가 너희를 우리 손에 넘기시리라." (삼상 17:47)

전쟁은 여호와 하나님께 속한 것임을 믿고 거인 골리앗을 우습게 보는 다윗

골짜기 너머, 두 진영이 대치하고 있었습니다. 이스라엘과 블레셋, 그리고 그 사이에, 거대한 하나의 그림자가 우뚝 서 있었습니다. 그 이름은 골리앗. 가드 출신의 이 거인은 키가 약 297cm에 이르렀고, 청동으로 된 갑옷 무게만도 56kg에 달했습니다. 창날 하나만 해도 7kg이 넘는 무시무시한 무장. 그는 40일 동안 아침저녁으로 이스라엘 진영을 조롱하고 모욕했습니다.

"그 블레셋 사람이 사십 일을 조석으로 나와서 몸을 나타내었더라."
(삼상 17:16)

사울 왕도, 군사들도, 누구 하나 그 앞에 나서지 못했습니다. 왕은 상금을 내걸고 심지어 자신의 딸과의 혼인까지 약속했지만 모두가 두려워 피하고 숨었습니다. 두려움이 진영 전체를 지배했습니다. 그때, 한 소년이 등장합니다. 양을 치던 막내아들, 다윗. 여기서 의문이 생길 수 있습니다. "소년이 어떻게 군사들의 전쟁터에 들어올 수 있었을까?" 요즘 기준으로 보면 이해하기 어려울 수 있지만 고대 이스라엘의 전쟁은 지금의 '징집 군대'와는 달랐습니다. 당시 이스라엘은 '직업군'이 아닌 소집병 체제였습니다. 즉, 평소에는 생업에 종사하다가 전쟁이 나면 왕의 명령에 따라 각 지파에서 장정들이 자발적으로 나와 전장에 합류하는 방식이었습니다.

따라서 전쟁터에는 장정들뿐 아니라 이들을 뒷바라지하는 형제, 하인, 가족, 보급 인력들이 드나들 수 있었습니다. 다윗도 아버지 이새의 심부름으로 형들에게 식량과 치즈를 전달하러 왔던 것입니다.

> "이새가 그의 아들 다윗에게 이르되 지금 네 형들을 위하여 이 볶은 곡식 한 에바와 이 떡 열 덩이를 가지고 진영으로 속히 가서 네 형들에게 주고 이 치즈 열 덩이를 가져다가 그들의 천부장에게 주고 네 형들의 안부를 살피고 증표를 가져오라." (삼상 17:17-18)

형들을 만나기 위해 온 다윗은 전장 한복판에서 골리앗의 모욕을 듣게 됩니다. 다른 이들은 그 거인의 덩치와 무기만을 보았지만 다윗은 전혀 다른 눈으로 상황을 보았습니다.

"살아 계신 하나님의 군대를 모욕하는 자가 누구입니까?"

그는 싸움의 본질을 단순히 인간의 싸움으로 보지 않았습니다. 이것은 하나님을 모독하는 영적 전쟁이었습니다. 소년 다윗은 믿음으로 외쳤습니다.

> "다윗이 블레셋 사람에게 이르되 너는 칼과 창과 단창으로 내게 나아 오거니와 나는 만군의 여호와의 이름 곧 네가 모욕하는 이스라엘 군대의 하나님의 이름으로 네게 나아가노라." (삼상 17:45)

> "거인의 크기를 보는 자는 두려움에 눌리지만, 하나님의 크기를 보는 자는 믿음으로 선다." - 워렌 위어스비,『믿음으로 사는 삶』

다윗은 칼이나 창을 의지하지 않았습니다. 그는 오직 만군의 여호와의 이름을 의지했습니다.

"전쟁은 여호와께 속한 것인즉." (삼상 17:47)

이 한마디는 다윗의 믿음을 모두 압축한 선언입니다. 전쟁은 사람의 무기와 경험, 조건과 계산에 달린 것이 아닙니다. 전쟁은 하나님께 속한 것입니다. 그러므로 승패는 하나님의 손에 있습니다. 오늘 우리는 전쟁과 분쟁의 소식을 일상처럼 듣습니다. 멀리 우크라이나에서, 중동에서, 아시아에서 터지는 전쟁의 소식이 그저 남의 나라 이야기처럼 들릴 수 있습니다. 그러나 이 시대는 초연결의 시대입니다. 국제 정세 하나, 유가 변동 하나, 무기 수출이나 금융 제재 하나가 지금 우리의 삶과 먹거리, 자녀의 미래에까지 영향을 줍니다. 그래서 사람들은 불안해합니다. 뉴스 한 줄에 마음이 출렁이고, 정치 상황 하나에 깊은 공포를 느낍니다. 이때 우리가 붙들어야 할 것은 단순한 현실 해석이 아니라 구속사적 이해입니다. 다시 말해 "전쟁은 여호와께 속해 있다"는 확실한 신앙의 프레임을 회복하는 것입니다.

불안한 세상 가운데서도 하나님의 주권을 신뢰하는 것 그리고 그 역사 속에서 나의 위치와 역할이 무엇인지 깨닫는 것, 이것이 믿음입니다. 다윗은 현실을 외면하지 않았습니다. 골리앗의 덩치도 무기력한 이스라엘 군대의 모습도 똑똑히 보았습니다. 그러나 그는 그것이 끝이 아님을 알았습니다. 그는 세상의 소리에 흔들리지 않았습니다. 하나님의 이름을 의지하며 자신이 감당할 자리로 한 걸음 나아갔습니다. 우리도 마찬가지입니다. 막연한 불경기나 정치적 불안에 휩쓸리지 말고, 하나님의 섭리 안에서 오늘의 자리에서 믿음으로 살아야 합니다.

"믿음이란, 싸움의 무게를 내게 두지 않고 하나님께 맡기는 것이다." - 오스왈드 챔버스, 『주님은 나의 최고봉』

하나님께 속한 전쟁 앞에서 우리가 해야 할 일은 계산이 아니라 신뢰, 도망이 아니라 순종, 한숨이 아니라 말씀을 선포하는 믿음의 태도입니다. 이것이 다윗이 골리앗 앞에 설 수 있었던 이유입니다.

일상의 영성으로 거인 골리앗을 쓰러뜨린 다윗

다윗은 사울 왕이 내어준 갑옷을 입어보지만 곧 벗습니다. 그에게 익숙하지 않기 때문입니다. 갑옷은 화려했지만, 그의 몸에는 맞지 않았습니다. 형식은 있었지만, 실제 싸움에는 도움이 되지 않았습니다. 다윗은 남의 것을 흉내 내지 않았습니다. 그는 자신이 평소 사용하던 손에 익은 도구를 선택했습니다.

> "손에 막대기를 가지고 시내에서 매끄러운 돌 다섯을 골라서 자기 목자의 제구 곧 주머니에 넣고 손에 물매를 가지고 블레셋 사람에게로 나아가니라." (삼상 17:40)

다윗은 화려한 무기를 쓰지 않았습니다. 그는 자신의 일상 안에서 익숙했던 것들로 싸웠습니다. 목동이었던 그가 수없이 양을 지키기 위해 휘둘렀던 물매, 시냇가에서 매일같이 보았던 돌, 그것이 오늘 전쟁의 도구가 되었습니다. 저는 이 장면을 '일상의 영성'이라 해석합니다. 다윗은 전쟁을 위해 특별한 영적 장비를 준비한 것이 아닙니다. 그는 평소의 삶으로, 매일을 살아가던 믿음의 자세로 전장에 나섰습니다. 오늘날 우리의 신앙이 약해지는 이유는 신앙을 '특별한 순간'에만 작동하는 것으로 오해하기 때문입니다. 부흥회에서만, 수련회에서만, 눈물의 찬양에서만 하나님이 일하신다고 믿는 경향이 있습니다. 하지만 하나님은 우리의 평범한 일상을 통해 역사하십니다. 시냇가의 돌처럼, 습관처럼 드렸던 기도처럼, 아무도 주목하지 않는 곳에서 은밀히 자신의 내면을 비추어 보는 말씀 묵상처럼 하나님은 그 일상의 손길을 사용하십니다. 특별한 갑옷을 억지로 입으려 애쓸 필요가 없습니다. 하나님은 우리의 손에 익숙한 물매를 통해 역사하십니다. 거창하지 않아도 됩니다. 그저 충실한 오늘, 충실한 내가 되면 됩니다.

> "하나님은 완벽한 갑옷을 찾지 않으신다. 하나님은 익숙한 손을 찾으신다." - 존 오트버그, 『믿음으로 한 걸음』

하나님은 겉으로 번지르르한 위장된 믿음을 찾지 않으십니다. 하나님이 찾으시는 것은 일상 속에서 단련된 실제의 믿음입니다. 골리앗을 쓰러뜨린 것은 단순히 물맷돌이 아니었습니다. 그것은 그 돌을 믿음으로 휘두른 다윗의 손이었고, 그 손을 붙드신 하나님의 능력이었습니다. 다시 말해 하나님의 승리는 일상의 순종에서부터 시작됩니다. 우리에게도 똑같이 필요한 것은 지금 이 자리에서 주어진 돌을 손에 쥐는 일입니다. 내게 주신 자리, 내가 쌓아온 경험, 내가 일상에서 드린 작은 순종들. 그것들이 믿음의 물맷돌이 됩니다. 하나님은 특별한 기술이나 눈부신 전략이 아니라 그저 충실하게 손에 든 것을 휘두를 줄 아는 자들을 통해 승리하십니다.

저는 부흥회나 해외 세미나에 자주 초청을 받습니다. 그 때마다 요청되는 설교 주제나 세미나 내용은 다양합니다. 만약 매번 새로 준비해야 한다면 아마도 제 목회는 오래 가지 못했을 것입니다. 그러나 저는 지금껏 그렇게 해 본 적이 없습니다. 매일 교회에서 전하는 설교를 최선을 다해 준비하고 그것을 다시 다듬고 정리하여 부흥회 현장으로 가지고 나갑니다. 세미나에서도 그것을 나누고 나중에는 책으로도 묶어냅니다. 저는 이것이 옳다고 믿습니다. 왜냐하면 교회 안에서 말하는 것과 교회 밖에서 말하는 것이 달라져서는 안 되기 때문입니다. 강단에서 하는 말과 강의실에서 하는 말이, 성도에게 하는 말과 외부 청중에게 하는 말이, 달라진다면 그건 진짜가 아닙니다. 늘 같은 말을 하려고 노력합니다. 교회 안에서 준비된 설교, 그 일상의 언어로 세계를 누비는 것입니다. 하나님은 우리에게 복잡한 계획을 요구하지 않으십니다. 먼저 묻고 계십니다.

"너는 오늘, 내 앞에서 충실한가?"

오늘의 충실함이 내일의 확장을 이끌고 작은 물맷돌 하나가 믿음의 전장을 바꿉니다. 그러므로 우리 각자에게 주어진 자리에서 주어진 하루를 최선으로 살아내는 것. 그 일상이야말로 하나님이 역사하시는 가장 강력한 무대임을 기억합시다.

전장의 순간, 다윗은 주저하지 않았습니다. 그는 골리앗을 향해 달려갑니다.

"다윗이 블레셋 사람을 향하여 빨리 달리며." (삼상 17:48)

머뭇거림이 없었습니다. 지체함이 없었습니다. 믿음은 결단입니다. 믿음은 '언젠가'가 아니라 '지금'입니다. 믿음은 준비된 자의 결단 속에 열매를 맺습니다. 다윗은 물매를 힘껏 던졌고, 그 돌은 골리앗의 이마를 정확히 맞췄습니다.

"돌이 그의 이마에 박히니 땅에 엎드러지니라." (삼상 17:49)

순간이었습니다. 거인은 쓰러졌습니다. 단 한 번의 돌팔매, 한 번의 믿음의 선언으로 전세가 완전히 뒤집혔습니다.

"신앙은 두려움을 넘어서는 한 걸음이다. 그 한 걸음이 인생을 바꾼다." - 헨리 나우웬, 『두려움에서 사랑으로』

골리앗은 거대했습니다. 그러나 다윗에게는 하나님이 함께 계셨습니다. 전쟁은 결국 칼과 창으로 이기는 것이 아니라 여호와의 이름으로 이기는 것입니다. 사울은 왕이었습니다. 그러나 두려움에 묶였습니다. 다윗은 목동이었습니다. 그러나 그는 하나님을 믿었습니다. 우리는 누구입니까? 칼을 든 사울입니까, 믿음의 돌을 든 다윗입니까?

각자의 골리앗 앞에서 기억해야 할 것은 단 한 가지, '전쟁은 여호와께 속한 것이다'

오늘도 우리 앞에는 골리앗이 서 있습니다. 경제의 골리앗, 건강의 골리앗, 관계의 골리앗. 그 거대한 벽 앞에서 우리가 기억해야 할 것은 단 하나입니다.

"전쟁은 여호와께 속한 것인즉."

이 싸움은 내 힘으로 싸우는 것이 아닙니다. 이 승리는 내 손에 달린 것이 아닙니다. 모든 것은 여호와께 속해 있습니다.

> "하나님은 최전선에서 싸우시는 분이 아니라, 이미 전쟁을 끝내신 승리자이시다." - 팀 켈러, 『왕의 십자가』

그러므로 우리는 두려워하지 않습니다. 칼과 창을 의지하지 않습니다. 상황의 크기를 바라보지 않습니다. 오직 하나님을 믿고, 달려갑니다. 믿음의 물맷돌을 들고, 익숙한 손으로, 주저하지 않고, 골리앗을 향해 뛰어갑니다. 그때 하나님은 우리 손에 승리를 안겨주십니다. 우리 발걸음에 기적을 더하십니다. 우리 인생에 하나님의 영광을 새기십니다.

"전쟁은 여호와께 속한 것인즉 그가 너희를 우리 손에 넘기시리라."

이 믿음으로, 오늘도 싸워 승리하는 하나님의 사람들이 되십시오.

02

아내, 자녀, 어린이와 더불어 여호와 앞에 섰더라

"유다 모든 사람들이 그들의 아내와 자녀와 어린이와 더불어 여호와 앞에 섰더라." (대하 20:13)

신앙의 개혁자, 하나님을 진심으로 경외한 여호사밧을 치고자 한 사탄

역대하 20장은 인생의 거대한 위기 앞에서 무릎 꿇은 한 왕의 이야기를 담고 있습니다. 그의 이름은 여호사밧, 유다의 왕입니다. 그는 단순한 정치 지도자가 아니었습니다. 신앙의 개혁자였고, 하나님을 진심으로 경외했던 왕이었습니다. 모든 것을 갖춘 왕처럼 보였습니다. 강력한 군대, 안정된 재정, 조직적인 사법 체계, 심지어 북이스라엘과의 외교적 연합까지 이룬 통치자였습니다. 하지만 인생은 지위나 재산으로 방어되지 않습니다. 믿음의 사람에게도 위기는 찾아옵니다. 그에게도 위기가 닥쳤습니다.

이 구절은 단순히 전쟁의 배경을 설명하는 문장이 아닙니다. 본문은 '유다를 치고자 했다'고 하지 않고, 분명히 '여호사밧을 치고자 했다'고 기록합니다. 이것은 무슨 의미일까요? 이것은 단순한 국가의 위기가 아니었습니다. 이것은 한 사람, 곧 지도자, 영적 중심축을 무너뜨리려는 전략적 공격이었습니다. 성경은 언제나 한 공동체의 운명을 그 영적 리더의 손에 연결시키는 원리를 보여줍니다. 목자 없는 양 떼는 흩어집니다. 지도자가 무너지면 백성은 길을 잃습니다. 이 전쟁은 단순한 정치적·군사적 싸움이 아니라 영적 전쟁이었습니다.

여호사밧은 단순히 정치인이나 행정가가 아니었습니다. 그는 유다를 하나님의 길로 이끌던 영적 지도자요, 백성에게 믿음의 본을 보이는 영적 목자였습니다. 그렇기에 사탄은 유다 전체가 아니라 여호사밧 한 사람을 겨냥했습니다. 영적 공격은 언제나 교회의 핵심을 무너뜨리려 합니다. 교회에서 가장 큰 시험은 담임목사에게 몰리고, 가정에서는 부모에게, 나라에서는 지도자에게 몰립니다. 왜냐하면 그 한 사람의 무너짐이 전체의 무너짐을 불러오기 때문입니다.

목회 중 이런 경험을 수시로 하고 있습니다. 마귀는 어떻게든 담임목사인 저를 넘어뜨리려 했습니다. 그래서 가장 아픈 곳을 건드립니다. 가족입니다. 아버지, 어머니, 아내, 심지어 장인, 장모까지 건드립니다. 그런데 그때마다 우리는 영적 감각을 최대한 살려 대응했습니다. 혼자 이겨낸 것이 아닙니다. 당회원들, 교역자들, 중보기도자들이 함께 영적 방패를 들어주었습니다. "목사님은 우리 교회의 영적 전쟁 최전선에 서 계십니다. 목사님이 무너지지 않도록 우리가 함께 기도하겠습니다." 이들의 방패 덕분에 원수의 불화살을 막아낼 수 있었습니다. 목회자는 결코 혼자 싸울 수 없습니다. 그를 위한 공동체의 중보, 그것이 영적 승리의 결정적 힘입니다.

여호사밧은 유다 제4대 왕이자, 아사의 아들입니다. 아사의 개혁을 이어받아 전국적으로 바알 제단을 제거했고, 율법을 백성들에게 가르치기 위해 레위인과 제사장들을 전국에 파견했습니다. 말하자면, 그는 단순히 종교적인 구호에 그친 왕이 아니라, 신앙 교육과 말씀의 보급에 구체적 전략을 세운 왕이었습니다.

> "그들이 여호와의 율법책을 가지고 유다에서 가르치되 그 모든 유다 성읍들로 두루 다니며 백성들을 가르쳤더라." (대하 17:9)

하지만 그에게도 실수는 있었습니다. 북이스라엘의 아합 왕과 정략적 동맹을 맺고 함께 길르앗 라못 전쟁에 참여했다가 죽음 직전까지 가는 위기를 겪습니다. 그리고 그 경험 이후 여호사밧은 더 철저히 하나님을 찾는 왕이 되어 갑니다.

이제 다시 큰 위기가 찾아옵니다. 모압과 암몬 그리고 마온 사람들이 연합하여 공격해온 것입니다. 이들은 예전에 이스라엘이 출애굽할 때 하나님의 명령으로 건드리지 않았던 민족들입니다. 한때 '살려두었던 대상'이 시간이 지나 거대한 위협으로 돌아온 것입니다.

전쟁의 위기 앞에 유다 백성에게 금식을 선포하며 하나님께 기도하는 여호사밧

"그 후에…." (대하 20:1)

이 한 구절이 많은 것을 담고 있습니다. 하나님을 섬기고, 말씀을 전파하며, 부흥을 위해 애썼던 그 다음에 전혀 예상치 못한 방향에서 위기가 닥쳐옵니다. 여호사밧은 지금까지의 모든 준비와 힘으로는 이 연합군을 감당할 수 없다는 사실을 압니다. 그래서 그는 하나님의 얼굴을 구하기로 결단합니다.

"여호사밧이 두려워하여 여호와께로 낯을 향하여 간구하고 온 유다 백성에게 금식하라 공포하매." (대하 20:3)

그는 도망치지 않았고, 백성 앞에서 강한 척하지도 않았습니다. 왕의 자존심이 아닌 무릎 꿇는 믿음을 선택했습니다. 백성 모두를 금식으로 부르며 예배의 중심으로 돌아갔습니다.

"우리 하나님이여 그들을 징벌하지 아니하시나이까 우리를 치러 오는 이 큰 무리를 우리가 대적할 능력이 없고 어떻게 할 줄도 알지 못하옵고 오직 주만 바라보나이다 하고." (대하 20:12)

이 고백은 패배의 선언이 아닙니다. 오히려 하나님의 승리를 끌어오는 시작이었습니다. 우리는 종종 위기 앞에 체면을 세우고, 자존심을 지키려 합니다. 그러나 믿음은 체면을 내려놓는 데서 시작됩니다. 약함을 숨기지 않고, 하나님 앞에 고백하는 데서 기적은 출발합니다.

"하나님은 강한 자를 택하지 않으시고, 약한 자를 통해 강함을 드러내신다." (브레넌 매닝, 『하나님의 은혜에 뛰어들다』, 포이에마, 2016, 101)

두려움은 피할 수 없는 인간의 감정입니다. 그러나 믿음은 그 두려움을 어디로 가져가느냐를 결정합니다. 여호사밧은 두려움을 기도로 바꾸었습니다. 그는 온 나라에 금식을 선포했습니다. 자기 혼자 무릎 꿇지 않았습니다. 백성 모두를 하나님 앞으로 이끌었습니다.

"기도는 하나님께 싸울 기회를 드리는 것이다." (헨리 나우웬, 『영적 발돋움』, 은성출판사, 2003, 74)

여호사밧은 기도했습니다. 그리고 하나님은 응답하셨습니다. 야하시엘을 통해 하나님의 음성이 들려옵니다.

"야하시엘이 이르되 온 유다와 예루살렘 주민과 여호사밧 왕이여 들을지어다 여호와께서 이같이 너희에게 말씀하시기를 너희는 이 큰 무리로 말미암아 두려워하거나 놀라지 말라 이 전쟁은 너희에게 속한 것이 아니요 하나님께 속한 것이니라." (대하 20:15)

"너희가 싸우는 것이 아니라, 하나님이 싸우신다."

"너희는 그저 바라보라."

온 가족이 여호와 하나님 앞에 공동체로 서는 것을 기뻐하시고 영적 승리를 맛보게 하시는 하나님

특별히 눈에 띄는 구절이 있습니다.

> "유다 모든 사람들이 그들의 아내와 자녀와 어린이와 더불어 여호와 앞에 섰더라." (대하 20:13)

이 장면은 너무도 놀랍습니다. 왕과 장군들만 선 것도 아니고, 신앙심 깊은 장년들만 선 것도 아니었습니다. 남편과 아내, 청년과 노인, 그리고 무엇보다 어린아이들까지 온 가족이 함께 여호와 앞에 섰습니다. 온 가정이, 온 공동체가 하나님 앞에 한마음으로 나아간 것입니다. 이것이야말로 오늘날 교회가 잃어버린 모습 아닙니까? 언제부턴가 위기 극복의 기도의 자리에 아이들은 없습니다. 다음 세대는 빠져 있습니다. 기도회에 참석한 주인공들은 주로 목회자, 백발이 성성한 장로님, 어른들뿐입니다. 대형교회일수록 더욱 그렇습니다. 어른들은 어른들끼리, 아이들은 아이들끼리, 청년들은 청년들끼리. 분리되고 쪼개지고 흩어집니다.

하지만 성경 어디에도 '세대를 분리하라'는 명령은 없습니다.

오히려 철저히 '함께 서라', '함께 부르짖으라', '함께 예배하라'고 강조합니다. 하나님은 세대 간의 연합을 기뻐하십니다. 출애굽기에서 모세가 바로에게 말할 때도 그 내용이 확인됩니다.

> "모세가 이르되 우리가 여호와 앞에 절기를 지킬 것인즉 우리가 남녀 노소와 양과 소를 데리고 가겠나이다." (출 10:9)

하나님의 부르심 앞에서는 단 한 세대도 소외되거나 분리될 수 없습니다. 오늘날 우리 교회와 가정은 어떤 모습입니까? 좀 심한 말일지 모르지만 요즘 신앙생활은 열심히 할수록 가정이 피폐해지는 경우가 많습니다. 부모는 교회 사역에 헌신하지만 자녀들은 교회 밖으로 떠납니다. 부모가 섬기는 교회와 자녀가 출석한 교회가 다른 경우도 많습니다. 마음 아프게 그런 가정이 점점 늘어나고 있습니다.

우리 교회 이행우 장로 부부는 젊은 날 청소년 사역을 뜨겁게 감당한 분들입니다. 단순한 봉사가 아닌 부르심으로 여겼습니다. 그래서 자신들의 삶을, 청춘을, 사역의 현장에 내어드렸습니다. 세 아들에게 악기를 배우게 한 이유도 단순한 교육이 아니라 하나님을 예배하고 사역을 함께하기 위한 것이었습니다. 그러나 아이러니하게도 수많은 청소년들을 살리고 일으키는 동안 정작 자신의 자녀들이 서서히 신앙에서 멀어지고 있다는 사실을 어느 날 마주하게 되었습니다. 사역의 열매는 컸지만 가정의 골방에서 무너지는 아이들의 영혼은 그 누구도 알아주지 않았습니다. 그때 이 부부는 위기의식을 느꼈고 그 절박함 속에서 광주청사교회로 걸음을 옮겼습니다. 그리고 이제는 온 가족이 함께 교회를 섬기는 기둥이 되었습니다. 세 아들 모두 하나님을 찬양하는 예배자요, 두 부부는 부흥 미션 사역을 이끄는 영적 기둥이 되었습니다

성경은 분명히 말합니다. 온 가족이 함께 여호와 앞에 서야 한다고. 함께 무릎 꿇어야 한다고. 함께 부르짖어야 한다고.

하나님은 가정이라는 공동체를 통해 신앙을 전수하고, 세대의 연합을 통해 역사를 이루시는 분입니다. 교회는 이제 다시 '세대 동행'을 회복해야 합니다. 어린이 예배, 청년 예배, 장년 예배를 따로 드리더라도, 가정과 교회 안에서 적어도 '함께 예배드리는 자리', '함께 기도하는 시간'이 반드시 마련되어야 합니다. 주일 아침 온 가족이 함께 손을 잡고 예배당으로 들어가는 장면, 가정 예배에서 부모와 자녀가 함께 말씀을 읽고 기도하는 시간, 공동체 기도회에서 장로님과 청년과 어린이까지 모두 무릎 꿇는 모습. 이것이 하나님의 기쁨입니다. 동행이 중요합니다. 같이 걷

고, 같이 무릎 꿇고, 같이 울고 웃는 신앙. 그 안에 하나님의 영광이 있고, 교회의 미래가 있습니다.

> "기도하는 가족은 무너지지 않는다." (찰스 스펄전, 『약한 자를 위한 은혜』, 생명의말씀사, 2015, 118)

광주청사교회는 매주 샬롬마룻바닥기도회를 진행합니다. 장년과 어린이, 목회자와 평신도, 모든 세대가 통합하여 부르짖어 기도합니다. 소그룹 모임도 가정 교회 형태로 운영하는데 모든 세대는 물론이거니와 인종 간 통합의 형태로까지 발전하고 있습니다. 모든 열방, 모든 민족이 함께하는 이 시대의 안디옥 교회를 꿈꾸고 있습니다.

여호사밧의 승리는 우연히 주어진 것이 아닙니다. 두려움 앞에 무릎 꿇을 때 온 백성의 가족이 함께 여호와 앞에 섰습니다. 오늘 우리도 그렇습니다. 풀리지 않는 문제 앞에서, 감당할 수 없는 싸움 앞에서, 체면을 내려놓고 하나님께 나아가야 합니다. 눈을 들어 주를 바라보십시오. 무릎 꿇어 두 손 들어 기도하십시오. 무엇보다 온 가족이 함께 부르짖어야 합니다. 그때 하나님께서 싸우실 것입니다. 그리고 우리는 하나님의 승리를 보게 될 것입니다.

03

그 편지를 펴 놓고 기도하여 이르되

"히스기야가 사자의 손에서 편지를 받아보고 여호와의 성전에 올라가서 히스기야가 그 편지를 여호와 앞에 펴 놓고 그 앞에서 히스기야가 기도하여 이르되 그룹들 위에 계신 이스라엘의 하나님 여호와여 주는 천하 만국에 홀로 하나님이시라 주께서 천지를 만드셨나이다." (왕하 19:14-15)

앗수르의 압도적 군사 위협에 믿음으로 창조주 하나님께 아뢰는 히스기야

히스기야는 참 복잡한 인물입니다. 그는 성실했고, 신실했으며, 다윗 이후 보기 드문 경건한 왕으로 불립니다. 그러나 동시에 그도 실수가 있었고, 말년에는 교만하여 바벨론 사신에게 모든 것을 드러내기도 했습니다. 그러나 그런 히스기야에게도 가장 빛났던 순간이 있었습니다. 바로 오늘 본문의 장면 '18만 5천'이라는 거대한 적을 눈앞에 두고도 그가 보여준 믿음의 고백입니다.

누구나 인생의 어느 시점에서는 자신의 힘으로는 감당할 수 없는 위기를 만납니다. 사방이 막힌 것 같고, 앞도 뒤도 길이 보이지 않을 때, 어떤 사람은 무너지기도 하지만, 어떤 사람은 그 순간에도 하나님께 나아갑니다. 히스기야는 그 두 번째 사람이었습니다.

"믿음은 모든 문이 닫힌 것 같을 때, 하나님이 여전히 열쇠를 쥐고 계심을 고백하는 것이다." (유진 피터슨, 『다윗: 현실에 뿌리박은 영성』 IVP, 2002, 101)

히스기야는 위기 앞에서 성전으로 올라갔습니다. 그리고 조용히 그 편지를 펴 놓고, 하나님께 기도합니다. 그 편지에는 조롱이 담겨 있었습니다.

"너희는 유다의 왕 히스기야에게 이같이 말하여 이르기를 네가 믿는 네 하나님이 예루살렘을 앗수르 왕의 손에 넘기지 아니하겠다 하는 말에 속지 말라." (왕하 19:10)

비아냥과 멸시, 살아계신 하나님에 대한 조롱이 가득한 편지였습니다. 히스기야는 그 글을 가지고 다른 누구에게도 가지 않았습니다. 정치적 외교로 해결하지 않았습니다. 군사적 전략도 세우지 않았습니다. 그저 성전에 올라가 그 글을 펴놓고, 하나님 앞에 엎드립니다. 이 장면이 눈물 나도록 아름다운 이유는 그가 두려움에 무릎 꿇은 것이 아니라 믿음으로 하나님 앞에 무릎 꿇었기 때문입니다.

> "기도는 패배한 자의 울부짖음이 아니라, 믿는 자의 가장 위대한 선택이다." (헨리 나우웬, 『상처 입은 치유자』, IVP, 1992, 84)

히스기야는 말합니다.

> "그 앞에서 히스기야가 기도하여 이르되 그룹들 위에 계신 이스라엘의 하나님 여호와여 주는 천하 만국에 홀로 하나님이시라 주께서 천지를 만드셨나이다." (왕하 19:15)

그는 역사의 주권자를 기억했습니다. 눈앞의 위협보다 하늘의 주권을 먼저 고백합니다. 눈에 보이는 대군보다 눈에 보이지 않는 하나님의 손을 먼저 신뢰합니다. 위기의 순간에 가장 중요한 것은 '누구를 바라보느냐'입니다. 사람은 위기 속에서 판단력이 흐려집니다. 사탄은 그 틈을 파고듭니다.

"너는 끝났어."

"기도한다고 뭐가 바뀌겠어?"

"포기해. 이제 그만하자."

그 속삭임은 지금도 들립니다. 그러나 히스기야는 귀를 사람에게 기울이지 않았습니다. 그는 말합니다.

> "여호와여 귀를 기울여 들으소서 여호와여 눈을 떠서 보시옵소서 산헤립이 살아 계신 하나님을 비방하러 보낸 말을 들으시옵소서." (왕하 19:16)

좀 더 히스기야에 대해서 말하자면 그는 왕위에 올랐을 때 개혁을 시작했습니다. 성전을 정결하게 하고, 우상을 제거하며 유다 백성들을 하나님께로 다시 돌이키려 애썼습니다. 하지만 그의 이러한 영적 개혁은 외교적 긴장을 초래했습니다. 특히 앗수르가 보기에 유다는 자신들에게 대항할 준비를 하는 것처럼 비쳐졌습니다. 게다가 히스기야는 애굽(이집트)과의 동맹을 시도하여 앗수르에 맞서려 했지만 앗수르는 이를 배신으로 보고 침공을 결정합니다. 앗수르의 군대가 예루살렘을 에워쌌습니다. 앗수르 왕 산헤립은 랍사게라는 고위 장교를 보내 유다 백성들의 사기를 꺾는 심리전을 펼쳤습니다. 랍사게는 유다의 군사적 열세를 비웃으며 백성들에게 공포를 주입하고 심지어 하나님을 모독하는 말까지 퍼뜨렸습니다.

이것은 단순히 국가 간의 전쟁이 아니었습니다. 하나님의 이름과 권위에 대한 도전이었습니다. 히스기야는 압도적인 군사력 앞에, 외교적 고립 속에 있었지만, 바로 그 순간 믿음의 무릎을 꿇었습니다. 어떻게 이 일이 가능했을까요? 그것은 그가 평소에 하나님과 친밀한 관계를 맺고 있었기 때문입니다. 위기 때 갑자기 믿음이 생겨나는 법은 없습니다. 그는 일상에서 이미 하나님을 의지했고 국가의 중요한 문제마다 하나님의 뜻을 구하던 왕이었습니다. 그래서 산헤립의 위협 앞에서 히스기야는 당황하거나 무너진 것이 아니라 성전에 올라가 하나님의 얼굴을 구할 수 있었습니다. 그는 오히려 위기의 순간에 더 선명한 영적 분별을 가졌습니다.

하나님의 영광을 구한 히스기야의 기도에 천사를 보내셔서 앗수르 군사 18만 5천 명을 물리치신 전능하신 하나님

히스기야의 기도는 단순히 자기 생명을 지켜달라는 간구가 아니었습니다. 그는 자기 백성을 넘어 하나님의 영광을 구했습니다.

"천하 만국이 주 여호와가 홀로 하나님이신 줄 알게 하옵소서."

이 기도가 하늘을 움직였습니다. 하나님은 그날 밤에 여호와의 사자를 보내셔서 앗수르 군사 18만 5천 명을 치셨습니다. 아침이 되자 그들은 모두 시체로 변해 있었습니다. 이 사건은 고대 근동에서 큰 충격을 주었고, 하나님이 유다를 지키신 역사적 사건으로 남았습니다.

히스기야는 정치 지도자였습니다. 하지만 그의 가장 강력한 무기는 군사력도, 외교술도 아니었습니다. 그것은 무릎 꿇는 믿음이었습니다. 그는 칼을 들지 않았습니다. 대신 성전으로 올라가 하나님 앞에 무릎을 꿇었습니다. 그의 진짜 무기는 하나님의 이름을 붙들고 부르짖는 기도였습니다.

우리도 마찬가지입니다. 인생의 전쟁 앞에서, 하나님 앞에 무릎 꿇을 수 있는 자가 이기는 사람입니다. 진짜 지도자는 전략가가 아니라 기도하는 사람입니다. 공동체를 살리는 리더는 말 잘하는 사람이 아니라 무너진 단을 세우는 사람입니다. 히스기야처럼 하나님 앞에 엎드릴 때 우리의 싸움은 하나님의 싸움이 되고, 그분의 영광을 드러내는 기회로 바뀝니다.

> "하나님은, 당신의 이름을 높이기를 사모하는 자의 기도를 그 어느 때보다 강하게 들으신다." (브레넌 매닝, 『하나님의 은혜에 뛰어들다』, 포이에마, 2016, 147)

진짜 승부는 새벽에 하나님께 무릎 꿇는 것이라 외치는 교회

저는 담임목사가 되자마자 당회원들에게 이렇게 외쳤습니다.

"새벽기도에 승부를 겁시다. 그러면 우리 교회가 광주 장자교회가 될 것입니다."

사람들은 놀랐습니다. 하지만 저는 확신했습니다. 진짜 승부는 프로그램이 아니고, 예산이 아니며, 건물이 아니라고. 진짜 승부는 새벽에 하나님 앞에 무릎 꿇는 것이며, 그 자리에 서서 하나님의 도우심을 구하는 것이라고 믿었습니다. 그때부터 우리는 새벽마다 예배당에 모였습니다. 처음에는 힘들었습니다. 사람이 적었습니다. 하지만 한 사람, 두 사람 무릎 꿇기 시작하자 교회 분위기가 달라졌습니다. 사람들의 눈빛이 바뀌고, 교회의 영적 분위기가 변하기 시작했습니다. 은행 이자 독촉장이 날라 올 때에도 우리는 독촉장을 하나님 앞에 펴놓고 기도했습니다.

"주님, 교회 빚입니다. 주님이 갚아주셔야 합니다."

그렇게 울면서 부르짖었습니다. 온갖 조롱하는 소리가 가득해도 매일 새벽기도 행진을 멈추지 않았습니다.

시간이 지나면서 저는 깨달았습니다.

"아, 하나님은 여전히 기도하는 교회를 찾고 계시는구나."

"기도하는 지도자를 찾고 계시는구나."

"교회가 정말 다시 일어서는 길은 사역의 기술을 바꾸는 것이 아니라 먼저 영적 리더가 무릎 꿇는 데 있다."

혹시 지금 인생의 거대한 위기 앞에 서 계십니까? 아무도 도와

줄 수 없는 절망의 순간에 길을 잃고 계십니까? 그렇다면 꼭 기억하십시오. 히스기야처럼 성전으로 올라가십시오. 그가 했던 것처럼 두려움의 편지를 하나님 앞에 펴 놓고 기도하십시오. 사람들의 말보다 하나님의 말씀에 귀를 기울이십시오. 그때 하나님은 반드시 응답하십니다. 진짜 지도자는 기도하는 사람입니다. 진짜 강한 공동체는 기도하는 교회입니다. 히스기야가 그랬듯 우리도 오늘 다시 무릎 꿇읍시다. 그때 하나님은 우리의 싸움을 당신의 싸움으로 만들어 주실 것입니다. 그리고 우리가 감히 상상하지 못한 승리와 영광을 맛보게 하실 것입니다.

저는 부임하기 전 약 한 달 동안 서울과 광주를 오가며 설교 사역을 감당했습니다. 그때의 애틋하고 뜨거웠던 감정은 지금도 생생히 기억납니다. 오고 가는 길에서 느낀 긴장감과 설렘. 그때 당시 박금숙 집사님이 제게 조용히 가정 이야기를 들려주었습니다. 남편이 도박 문제로 가정을 힘들게 하고 있었고 결국 이혼을 결심했지만 치유 집회에 다녀온 뒤 마음을 다잡아 보기로 했다는 것입니다. 그때 집사님은 주머니에서 남편의 양말 한 짝을 꺼내 보여주었습니다. 어디선가 들었는데 남편의 양말을 품에 안고 기도하면 언젠가 그 남편이 그 양말을 신고 교회에 나온다는 말이 있어 그렇게 하고 있다는 겁니다. 둘이 함께 웃으며 그 자리를 마무리했지만 그 이야기가 제 마음에 오래 남았습니다.

놀랍게도, 제가 담임목사로 부임하던 해 1년에 한두 번 얼굴을 비추던 그 남편이 새벽 예배에 출석하기 시작했습니다. 그 믿음은 꾸준히 자라 안수집사가 되었고, 지금은 누구보다 목사를 사랑하고 섬기는 노병완 장로님이 되었습니다. 어떤 상황에서도 기도하면 하늘이 열립니다. 도박에 중독되었던 사람도 끊어 낼 수 있게 하시고, 예수님께 중독된 사람으로 바꿔 주십니다. 히스기야는 협박 문서를 펴놓고 기도했고, 박 집사님은 남편의 양말을 품고 기도했습니다. 저도 담임목사로서 빚 독촉장을 붙잡고, 강단에 무릎 꿇고 기도하며 살았습니다. 하나님은 그런 우리의 기도를 들으십니다. 그분은 진짜 우리의 소리를 듣는 살아계신 하나님이십니다.

지금 당신이 어떤 위기에 있든지 기도의 자리로 나아가십시오. 무엇을 붙잡고 있든지 그것을 하나님 앞에 펴 놓으십시오. 하나님께서는 우리의 가장 절박한 부르짖음을 외면하지 않으십니다. 오히려 그 자리에 서면 하나님의 역사가 시작됩니다. 그 자리가 기적의 출발선이 됩니다. 그러니 오늘도 믿음으로, 기도로, 무릎으로 나아갑시다. 하나님은 여전히 우리의 기도를 기다리고 계십니다.

04
작은 능력을 가지고도
배반하지 아니한 교회

"볼지어다 내가 네 앞에 열린 문을 두었으되 능히 닫을 사람이 없으리라 내가 네 행위를 아노니 네가 작은 능력을 가지고서도 내 말을 지키며 내 이름을 배반하지 아니하였도다." (계 3:8)

작은 능력을 가지고서도 하나님의 말씀을 지킴으로 칭찬받은 빌라델비아 교회

누구나 칭찬을 듣고 싶어 합니다. 작은 칭찬 한마디가 낙심한 마음에 다시 불을 지피기도 합니다. 특히 신앙생활 속에서 주님께 인정받고 칭찬받는 것은 이루 말할 수 없는 기쁨입니다. 요한계시록에는 일곱 교회가 등장합니다. 그 가운데 특별히 예수님께 책망 없이 칭찬만 받은 교회가 있습니다. 바로 빌라델비아 교회입니다.

"예수님께 칭찬받는 것보다 더 귀한 보상은 없다." (찰스 스펄전, 『약한 자를 위한 은혜』, 생명의말씀사, 2015, 132)

빌라델비아는 소아시아(지금의 터키 서부) 지방에 위치한 도시로, 일곱 교회 중 여섯 번째로 언급됩니다. 도시 이름의 뜻은 '형제 사랑의 도시'라는 의미로, 헬라어 '필라델포스'(φίλαδελφος)에서 유래되었습니다. 이름처럼 처음에는 형제 사이의 우애를 기리며 세워진 곳이었지만, 시간이 흐르면서 중요한 지정학적 요충지로 부각되었습니다. 빌라델비아는 아시아의 여러 길목을 잇는 전략적 교통로에 자리 잡고 있어, 헬라 문화와 로마 문화가 동방으로 전파되는 관문 역할을 했습니다. 그래서 이곳은 '작은 아테네'라 불릴 만큼 헬라적 가치관이 강했고, 다신교적 우상 숭배가 만연한 도시였습니다. 도시의 번영과 맞물려 황제 숭배가 성행했고, 유대인 공동체는 기독교 공동체를 배척하며 강한 박해를 가했습니다. 또 한가지 주목할 점은 이곳이 지진이 잦은 지역이었다는 것입니다. 실제로 AD 17년 큰 지진이 일어나 도시 전체가 무너졌고, 이후 여러 차례 여진이 계속되면서 시민들은 늘 불안한 삶을 살았습니다. 이런 불안정한 환경 속에서도 빌라델비아 교회는 흔들리지 않는 믿음으로 예수님께 칭찬을 받았습니다.

> "볼지어다 내가 네 앞에 열린 문을 두었으되 능히 닫을 사람이 없으리라 내가 네 행위를 아노니 네가 작은 능력을 가지고서도 내 말을 지키며 내 이름을 배반하지 아니하였도다." (계 3:8)

빌라델비아 교회는 세상 기준으로 보면 초라한 교회였습니다. 사회적 지위도, 경제적 자원도, 외적인 힘도 크지 않았습니다. 그러나 주님은 그 교회를 귀히 여기셨습니다. 왜입니까? 크기 때문이 아닙니다. 영향력 때문도 아닙니다. 오직 하나, 그들은 작은 능력 안에서도 "내 말을 지켰다"고 주님은 말씀하십니다. 복음의 말씀을, 신앙의 본질을 끝까지 붙든 교회였기 때문입니다.

> "하나님은 큰 교회를 원하시는 것이 아니라, 충성된 교회를 원하신다." (유진 피터슨, 『목회자의 길』 IVP, 2011, 89)

바른 말씀이 선포되고, 그 말씀에 집중하며, 그 말씀대로 살아가는 교회를 칭찬하시는 주님

오늘 우리는 무엇을 바라보고 있습니까? 크기입니까? 성공입니까? 그러나 주님은 작은 능력 안에서도 말씀을 지키는 순종을 찾으십니다. 우리가 신앙생활을 하며 가장 두려워해야 할 것은 사람의 평가가 아닙니다. 주님의 평가입니다. 빌라델비아 교회는 세상에서 유력한 힘이 있는 성도들이 모인 공동체가 아니었습니다. 그럼에도 주님의 말씀에 절대 순종함으로 크게 인정을 받았습니다. 그것이 모든 것을 결정짓습니다. 그래서 우리는 오늘 이 순간순간의 삶 속에서 주님이 주시는 말씀에 귀를 기울여야 합니다. 본문 8절의 '지키며'라는 표현은 헬라어로 '시선을 고정하다, 계속 주목하다'는 의미입니다. 빌라델비아 교회 성도들은 말씀에서 시선을 떼지 않았습니다. 그러나 우리의 문제는 무엇입니까? 말씀을 듣고도 그냥 흘려보내는 신앙생활에 있지 않습니까? 시선을 말씀에 고정하지 않으니 당연히 세속적인 것들이 교회 안으로 침투해 들어올 수밖에 없습니다.

잭 하일즈 목사님은 이렇게 말했습니다.

"하나님의 종이 강단에 나아갈 때에는 천사들도 날지 못하게 하고, 천국의 호산나 소리도 잠잠케 하라. 어른들은 경청하게 하고, 아이들은 귀를 기울이게 하고, 젊은이들은 정신을 바짝 차리게 하라. 전 교회 모든 성도들이 거룩함으로 기다려야 한다. 그럴 때 사탄과 그의 사자들도 두려움에 떨 것이다."

우리가 명심해야 할 것은 예수님은 결코 환경이나 인간적인 조건을 보고 칭찬하시는 분이 아니라는 사실입니다. 오늘날 세상은 크고 화려한 교회, 사회적 활동이 많은 교회를 좋은 교회라 평가할지 모릅니다. 그러나 주님은 다릅니다. 바른 말씀이 선포되고, 그 말씀에 집중하며, 그 말씀대로 살아가는 교회를 칭찬하십니다.

"무슨 말씀을 하시든지 그대로 하라." (요 2:5)

오늘날 한국 교회가 가슴에 새겨야 할 말씀입니다. 말씀을 듣다가 환상을 보고, 병 고침을 받고, 인생의 문제에 해답을 찾는 교회가 바람직한 교회입니다.

본문 10절은 이렇게 말씀합니다.

"네가 나의 인내의 말씀을 지켰은즉."

끝까지 말씀을 지켰다는 말입니다. 언젠가 〈불사조〉와 〈카멜레온〉에 대한 글을 읽었습니다. 고위 공직자 중 어떤 이들은 한 번 높은 자리에 오르면 결코 내려오지 않으려 한다고 합니다. 그런 사람들을 '불사조'라고 부르는데, 그들이 불사조가 되기 위해선 '카멜레온'이 되어야 한다고 합니다. 즉, 상황에 따라 얼굴과 색깔을 바꿔가며 자기 자리를 지키는 이들 말입니다. 하지만 교회는 결코 그런 카멜레온 같은 공동체가 되어선 안 됩니다. 교회는 세상의 정치판처럼 색깔을 바꾸고, 생존 전략을 짜고, 처세를 연구하는 공동체가 아닙니다. 교회는 빌라델비아 교회처럼, 작은 능력이라도 말씀을 지키고, 인내하며, 신실함으로 주님 앞에 서는 공동체여야 합니다.

"하나님은 큰 교회를 원하시는 것이 아니라, 충성된 교회를 원하신다." (유진 피터슨, 『목회자의 길』, IVP, 2011, 89)

이런 교회에서 주님은 약속하십니다.

"이기는 자는 내 하나님 성전의 기둥이 되게 하리니…." (계 3:12)

요한계시록이 쓰인 당시 유대인들과 초대 교회 신자들에게 '성전'은 단순한 건축물이 아니라 하나님의 임재의 상징이었습니다. 성전은 하나님의 집, 하나님이 임재하시는 장소 그리고 하나님의 백성이 영광을 누리는 자리였습니다. 성전에서 가장 중요한 구조물 중 하나가 기둥이었습니다. 성전의 기둥은 건물 전체를 떠받치는 구조적 중심이었습니다. 이 기둥이 무너지면 건물 전체가 무너질 만큼 결정적 역할을 했습니다. 성전의 기둥은 아름답게 장식되고 이름이 새겨져 있었습니다. 영광과 존귀의 상징입니다. 또한 성전의 기둥은 늘 그 자리에 서 있었습니다. 사람들이 드나들고, 세월이 바뀌어도 묵묵히 자리를 지키며 성전의 일부로 기능했습니다. 지금도 성전의 기둥들은 역사의 유적으로 남아 있습니다. 당시 잦은 지진으로 불안함을 간직한 채 살아야 했던 빌라델비아 교인들에게 "성전의 기둥이 되게 하신다"는 선언은 엄청난 위로의 말씀이었을 것입니다.

어떤 상황에서도 흔들리지 않고 견고한 기둥처럼 서는 것이 진정한 부흥

현대 교회는 여러 도전 앞에 서 있습니다. 세속화, 물질주의, 개교회주의, 세대 간 단절, 코로나 이후 예배 약화까지. 이런 시대에 교회의 영광을 지키는 비결은 끝까지 타협하지 않는 것입니다. 배반하지 않아야 합니다. '기둥 같은 교회'로 서야 합니다. 기둥은 화려하지 않습니다. 겉으로 드러나지 않습니다. 그러나 그 자리가 무너지면 건물 전체가 흔들립니다. 목회를 하면서 '기둥 같은 성도'가 얼마나 귀한지를 절감합니다. 주님은 능력이 많은 자를 찾지 않으십니다. 끝까지 버티고 서 있는 기둥 같은 자를 찾으십니다. 사람들은 몰라도 주님은 아십니다. 주님은 오늘도 그 한 사람을 통해 교회를 세우시고, 그 교회를 통해 시대를 흔드십니다.

우리 광주청사교회에도 그런 기둥 같은 성도들이 있습니다. 지금까지 출타하지 않는 한 새벽 예배를 단 한 번도 빠진 적이 없는 성도, 누가 보든 보지 않든 시간을 정하여 교회 구석구석을 청소하는 성도, 예쁜 꽃 한 송이라도 목양실 화병에 꽂으며 목사를 위로하는 성도, 비가 오나 눈이 오나 주차 관리를 책임지는 성도, 매주일 아침 몇 백 장의 주보를 손수 접는 성도, 온 교인의 애찬을 변함없이 책임지는 성도, 엄청난 재정 사역에 모든 것을 거는 성도, 변함없이 비즈니스 선교 현장을 지키는 비즈니스 선교사, 다음 세대 신앙 전수를 위해 헌신하고 충성하는 교육 선교사, 가정교회 부흥을 위해 노심초사 헌신하는 양육사. 사실 목사도 인간이라 때때로 마음이 흔들립니다. 지치고, 버거울 때가 있습니다. 그런데 놀랍게도 그때마다 하나님은 기둥 같은 성도들을 통해 목회자의 마음을 붙들어 주십니다. 그들의 기도가 기도가, 눈물이, 섬김이 교회를 일으킵니다.

지금 이 시대는 기둥이 무너지는 시대입니다. 가정에서도, 교회에서도, 사회에서도 기둥 같은 사람들이 점점 사라져 가고 있습니다. 가정에서는 부모가 기둥이어야 하고, 교회에서는 장로와 집사, 권사가 기둥이어야 하고, 목회자는 마지막까지 기도의 기둥으로 서 있어야 합니다. 그런데 문제는 많은 사람이 화려한 열매만 보고, 그 기둥의 자리를 피하려 한다는 것입니다. 인정받고 싶고, 편하고 싶고, 순간적인 성취에만 목말라 합니다. 하지만 하나님은 오늘도 주목하십니다. 한결같이 서 있는 자를, 흔들리지 않고 그 자리를 지키는 자를 찾으십니다.

저는 목회를 시작하면서부터 지금까지 일관되게 붙들고 씨름한 단어가 하나 있습니다. 바로 '부흥'입니다. 그런데 저는 어느 순간 깨달았습니다. 부흥을 사람들은 자꾸 숫자적 증가로만 이해합니다. 틀렸다고 말할 수는 없지만, 만약 수적 증가만이 부흥이라면 농·어촌 목회자들, 선교지에서 씨름하는 선교사들은 평생 부흥과는 거리가 먼 사람들이 되고 말 것입니다. 저는 부흥을 다르게 정의합니다. 부흥은 곧 영광의 회복입니다. 어떤 상황에서도 주의 종으로, 하나님의 사람으로 당당히 서는 것, 그것이 진짜 부흥입니다. 우리 신앙의 선조들을 보면, 학문이나 훈련 면에서 지금보다 부족했을지 몰라도 목회적 당당함만큼은 하늘을 찔렀습니다. 세상 권세 앞에 결코 굴복하지 않았습니다. 지역의 정치인들이 감히 목사님을 함부로 대하지 못했습니다. 그 이유는 단순히 사회적 지위 때문이 아니라 그 목회자들이 하나님의 사람으로서 영적 권위를 굳게 붙들고 있었기 때문입니다. 요즘은 어떻습니까? 교회가 정치 앞에 줄을 대고, 정치인들이 교회를 교묘히 이용하는 시대가 되었습니다. 교회가 정치와 완전히 선을 긋자는 말은 아닙니다. 옛날 선배 목회자들처럼 영적 당당함을 잃어버리지 말자는 것입니다.

뿐만 아니라 우리 부모 세대만 해도 자녀들에게 눌리지 않았습니다. 부모로서, 신앙의 선생으로서, 영적 권세를 가지고 자녀를 훈육했습니다. 그런데 요즘은 어떻습니까? 온통 "미안하다, 미안하다" 하며 자녀들에게 주눅이 들고, 신앙적 권위를 잃어버린 경우가 많습니다. 마치 부모가 잘못한 사람이 된 듯 자녀의 눈치를 보며 신앙의 중심을 놓치고 맙니다. 하지만 성경이 말하는 부흥은 이런 모습이 아닙니다. 성경에서 부흥을 가장 잘 설명하는 단어가 있다면, '대장부' 혹은 '왕 같은 제사장'이라고 생각합니다. 골리앗 앞에서도 기가 죽지 않았던 다윗, 그가 바로 부흥의 모델입니다. 다윗은 작은 소년이었지만 하나님의 이름으로 섰습니다. 물맷돌 하나만 손에 들고 거인을 무너뜨린 그 믿음, 그것이 부흥입니다. 하나님은 우리에게 이렇게 물으십니다. "너는 지금 누구의 이름으로 서 있느냐?" 부흥은 크고 화려한 건물을 짓거나 많은 사람을 모으는 일이 아닙니다. 하나님의 영광을 지키는 일입니다. 그리고 그 영광 앞에서 기죽지 않는 것입니다.

지금껏 목회를 하며 이 부흥의 본질을 늘 붙들려고 애써왔습니다. 성도 한 사람 한 사람이 대장부 같은 신앙인으로, 왕 같은 제사장으로 세워지는 것. 교회는 건물이 아닙니다. 사람입니다. 세상이 흔들어도, 사탄이 위협해도, 그 자리에 담대히 서 있는 사람. 그 사람이 곧 교회의 부흥입니다. 그런 측면에서 빌라델비아 교회는 확실히 부흥한 교회였습니다. 칭찬 들을 만합니다. 부디 하나님 앞에서 대장부가 됩시다. 가정에서, 직장에서, 교회에서, 하나님의 이름을 걸고 당당히 서십시오. 주님은 지금도 그 한 사람을 찾고 계십니다. 그리고 그 한 사람을 통해, 이 시대에도 부흥의 역사를 이루실 것입니다. 바로 그것이 우리가 오늘 반드시 붙들어야 할 진짜 부흥입니다.

05

잘 달린 인생

"전제와 같이 내가 벌써 부어지고 나의 떠날 시각이 가까웠도다. 나는 선한 싸움을 싸우고 나의 달려갈 길을 마치고 믿음을 지켰으니."
(딤후 4:6-7)

달려갈 길을 마치고 믿음을 지킨 사도 바울

바울은 지금 로마의 감옥에 있습니다. 어둡고 눅눅한 지하 감방, 낡은 사슬에 묶인 채로 그는 마지막 편지를 씁니다. 사랑하는 아들 디모데에게. 말 그대로 '유언'입니다. 그리고 놀랍게도 그 유언은 절망이 아니라 찬란한 고백입니다. 그런데 왜 바울은 로마의 감옥에 갇히게 되었을까요? 그는 단순한 범죄자가 아니었습니다. 바울은 복음을 전한 죄로 갇혔습니다. 당시 로마 제국은 황제를 신처럼 숭배하게 했고, 황제 숭배를 거부하는 기독교인은 위험한 반역자로 여겨졌습니다. 특히 바울은 유대인뿐 아니라 이방인에게도 예수 그리스도의 복음을 전파했고, 그 영향력은 제국 곳곳으로 퍼져 나가면서 큰 파장을 일으켰습니다. 유대인 지도자들은 바울을 끊임없이 고발했고, 로마 당국은 정치적 불안을 잠재우기 위해 바울을 구속했습니다. 사도행전 28장을 보면 바울은 1차 투옥 때는 로마에서 상대적으로 자유로운 가택 연금 상태에 있었습니다. 그러나 디모데후서를 쓰던 시점, 그는 다시 체포되어 감옥에 갇힌 상태였습니다. 이번에는 목숨을 잃을 것을 감지하고 있었습니다.

당시 로마의 감옥은 오늘날 우리가 상상하는 교도소보다 훨씬 열악했습니다. 일반적으로 감옥은 지하에 있었고, 햇빛이 거의 들지 않았습니다. 공기는 습하고, 물이 새어 들어와 축축했습니다. 죄수들은 쇠사슬에 묶여 움직임이 제한되었고, 음식을 외부에서 가족이나 친구가 가져오지 않으면 굶주리기 일쑤였습니다. 특히 정치범들은 특별 관리 대상이었기에 더 가혹한 대우를 받았습니다. 로마 감옥은 단순히 '형을 기다리는 곳'이 아니라, 인간성을 철저히 무너뜨리고 영혼까지 짓밟는 자리였습니다. 그런데 바로 그 자리에서 바울은 찬란한 믿음의 고백을 남깁니다.

"나는 잘 싸웠고, 달렸고, 지켰다."

이 얼마나 담대한 마침표입니까? 이 얼마나 부러운 생의 마지막입니까? 그 어떤 허세도, 변명도 없습니다. 그저 한 줄 고백,

"나는 잘 달렸다."

"죽음 앞에서 사람이 남기는 마지막 말이 그의 삶 전체를 정의한다." (헨리 나우웬, 『영적 발돋움』 은성출판사, 2003, 112)

우리는 잘 살기보다 잘 마치기를 두려워해야 합니다. 신앙의 경주에서 중요한 것은 출발선이 아닙니다. 결승선입니다. 인생에서 중요한 것은 얼마나 화려하게 시작했느냐가 아니라, 얼마나 믿음으로 끝까지 걸어갔느냐입니다. 어떤 이들은 처음엔 열정으로 불탑니다. 하지만 중간에 멈춥니다. 방향을 잃고 엉뚱한 길로 새버립니다. 사람의 평가나 눈치를 보다가 길을 벗어나기도 하고, 세상 유혹 앞에서 힘을 잃기도 합니다. 그러나 바울은 끝까지 자신의 길을 달렸습니다.

"나의 달려갈 길을 마치고, 믿음을 지켰으니." (딤후 4:7)

바울은 남의 길을 흉내 내지 않았습니다. 주께서 주신 자기에게만 주어진 길을 선명하게 붙들었습니다. 그는 자기 기준이나 타인의 시선이 아니라 하나님께 받은 사명의 결승선을 향해 달렸습니다. 그 길 위에서 수많은 매질을 당하고, 배신당하고, 감옥에 갇히고, 마지막에는 순교의 칼 앞에까지 섰지만 그는 멈추지 않았습니다. 왜냐하면 그는 영원한 하나님 나라에서 받을 상급이 있다는 것을 알았기 때문입니다. 그래서 사도 바울은 의의 면류관을 준비하고 계신 하나님 앞에 당당히 설 그날만을 기다리며 믿음의 선한 싸움을 싸우며 끝까지 믿음을 지키며 거룩하게 살았습니다.

사도 바울처럼 마지막까지 믿음을 지키는 신실한 성도가 되자

지금 생각해도 짜릿합니다. 광주청사교회 담임목사가 된 것은 인간적으로 설명할 수 없는 일이었습니다. 청빙 공고 기준을 다 무시했습니다. 이력서를 제출하지도 않았습니다. 그런데 담임목사가 되었습니다. 당시 교회 분위기로는 두 가지 의견이 있었습니다. 하나는 돈이 있는 목사를 청빙해 교회의 부채를 줄이자는 의견이었습니다. 또 하나는 꿈과 비전이 있는 목사를 청빙해 목회적 부흥을 이루자는 의견이었습니다. 저는 돈은 없었습니다.

그러나 꿈은 많았습니다. 놀랍게도 우리 교인들은 믿음의 선택을 해주셨습니다. 광주에 이슈가 될 정도였습니다. 그때부터 지금까지 저의 마음에는 하나의 기도가 있습니다.

"주님, 마지막까지 멋지게 달리게 하소서. 살아서 걸어 나가는 정도가 아닙니다. 부흥 미션을 완수하는 목회자가 되고 싶습니다. 한국 교회 부흥의 불길이 다시 솟구치는 것을 보고 싶습니다."

마귀의 일에는 특징이 있습니다. 시작은 화려합니다. 사람들을 현혹할 만큼 번쩍이고, 강력해 보입니다. 그러나 끝은 없습니다. 왜냐하면 거짓이기 때문입니다. 하지만 주님의 역사는 다릅니다. 언제나 시작보다 끝입니다.

> "겨자씨 한 알이 자라 큰 나무가 되며, 공중의 새들이 그 가지에 깃들이느니라." (마 13:32)

하나님의 일은 처음엔 겨자씨처럼 작고 초라해 보이지만 결국은 거대한 숲이 됩니다. 이것이 하나님의 방식입니다. 그래서 우리는 지금도 마지막을 두려워해야 합니다. 지금의 자리, 지금의 성취, 지금의 사람들의 칭찬에 안주하면 안 됩니다. 아직 끝나지 않았습니다. 아직 결승선에 도착하지 않았습니다. 오직 그날, 주님 앞에 섰을 때, 우리는 그분의 입에서 이 말을 듣길 원합니다.

"잘하였도다, 착하고 충성된 종아." (마 25:21)

그날을 위해 오늘도 달립니다. 우리 교회도 그날을 위해 함께 달립니다. 함께 기도하며, 함께 부흥의 깃발을 들며, 함께 복음의 새 역사를 써 내려갑니다. 아직 결승선은 남아 있습니다. 그러니 오늘도 믿음의 무릎을 꿇고 주님 앞에서 다시 일어섭니다. 시작보다 끝입니다. 하나님께서 반드시 시작하신 일을 끝내실 것입니다. 바울은 분명히 알았습니다. 인생은 끝이 있다는 것을. 경주는 무한하지 않다는 것을. 그래서 그는 남김없이, 아낌없이, 자신을 '전제'처럼 부었습니다. "전제(奠祭)"란 포도주를 제단에 완전히 쏟아붓는 의식입니다. 다시 담을 수 없습니다. 되돌릴 수 없습니다. 바울은 그렇게 말합니다.

"나는 내 생애를 다 쏟아부었습니다. 다시 남기지 않았습니다."

"하나님은 적당히 사랑한 자를 기억하지 않으신다. 자신을 다 쏟아 붓고, 다 드린 자를 기억하신다." (브레넌 매닝,『하나님의 은혜에 뛰어들다』, 포이에마, 2016, 61)

05 잘 달린 인생

많은 이들은 자신을 아끼느라 끝내 자신을 잃습니다. 후회를 남기며 떠납니다. 더 드릴 걸, 더 참을 걸, 더 사랑할 걸. 그러나 바울은 그렇게 살지 않았습니다. 끝까지 믿음의 길을 걸으며 유종의 미를 거두었습니다. 그는 잘 달렸고, 그는 믿음을 끝까지 지켰습니다. 믿음을 지킨다는 것은 시련이 없는 삶이 아니라 시련 속에서도 포기하지 않았다는 뜻입니다. 지중해의 파선, 감옥의 고독, 채찍질과 조롱, 그리고 수많은 반역자들과의 갈등 속에서도 바울은 결코 흔들리지 않았습니다.

산악인들의 말에 따르면, 산을 오를 때보다 내려올 때 더 많은 에너지를 써야 한다고 합니다. 왜냐하면 오르는 동안에는 긴장이 팽팽하지만 정상에 오른 후에는 긴장이 풀리면서 자만하거나 집중력이 떨어져 무너지기 때문입니다. 많은 사고가 바로 하산 중에 발생합니다. 올라갈 때는 오직 목표를 향해 집중하지만 내려올 때는 이미 성취했다는 생각에 방심하고, 발을 잘못 디더 치명적인 사고로 이어지곤 합니다. 산의 정상은 끝이 아닙니다. 끝은 내려와서 무사히 집으로 돌아가는 것입니다. 이 원리는 우리 인생에도 똑같이 적용됩니다. 사람들은 '성공'에만 집중합니다. '정상'에 오르는 것, 목표를 달성하는 것, 남들 앞에 자랑할 만한 성취를 쌓는 것에만 몰두합니다. 그러나 문제는 그 후입니다. 성공 이후의 관리, 정상 이후의 태도, 마침표를 잘 찍는 것이 훨씬 어렵습니다. 많은 사람이 그때 무너집니다. 심지어 인생을 통째로 무너뜨리기도 합니다.

정치사에서도 이 패턴을 흔히 볼 수 있습니다. 역대 대통령들을 보십시오. 취임식은 언제나 화려합니다. 약속은 웅장합니다. 국민의 기대도 큽니다. 그러나 그들 중 마지막 퇴임 후에도 존경받는 자는 아주 소수에 불과합니다. 결국 마지막이 중요합니다. 마지막이 깨끗해야 합니다. 마지막까지 무너지지 않아야 합니다. 마지막에야 진짜 그 사람의 품격이 드러나기 때문입니다. 대통령의 자리는 절대적인 권력을 가지는 자리입니다. 그러나 그 권력은 언젠가 내려놓아야 합니다. 그리고 내려놓는 순간, 그 사람의 본모습이 드러납니다. 그 자리에서 내려온 이후에도 존경받는 사람, 오히려 그때 더 빛나는 사람이 되어야겠다는 결단이 있어야 합니다.

신앙의 길도 마찬가지입니다. 많은 성도가 처음에는 뜨겁습니다. 결단합니다. 눈물로 주님을 사랑합니다. 그러나 신앙은 결혼과 같습니다. 결혼식은 화려합니다. 그러나 진짜 결혼 생활은 그 이후입니다. 주님과의 관계도, 교회와의 동행도, 사역의 여정도 마찬가지입니다. 처음의 뜨거움이 문제가 아닙니다. 마지막까지 오래도록, 변함없이, 끝까지 가는 것이 중요합니다. 그동안 저는 여러 동역자들을 만나 왔습니다. 그들 중에는 탁월한 사역자들도 많았습니다. 설교가 뛰어난 사람, 리더십이 강한 사람, 학문적 깊이가 있는 사람, 다양한 강점을 가진 사람들이 있었습니다. 그러나 끝까지 남는 사람은 따로 있더라는 것입니다. 마지막까지 남는 사람은 결코 자신을 과신하지 않았습니다. 마지막까지 하나님 앞에 무릎 꿇는 사람들, 끝까지 기도의 자리를 지키는 사람들이었습니다. 예수님도 말씀하셨습니다.

"끝까지 견디는 자는 구원을 얻으리라." (마 24:13)

긴장을 놓지 마십시오. 끝까지 달리십시오. 마지막까지 기도하십시오. 그리고 결승선에서 주님을 만나십시오. 그분이 우리를 위해 마지막까지 싸우고 계십니다. 그래서 우리도 그분을 위해 마지막까지 달려야 합니다.

PART 05

고백되어야 할 은혜

01

은혜는 감사로 고백되어야 한다

"그 중의 한 사람이 자기가 나은 것을 보고 큰 소리로 하나님께 영광을 돌리며 돌아와 예수의 발 아래에 엎드리어 감사하니 그는 사마리아 사람이라." (눅 17:15-16)

감사하러 돌아온 오직 한 사람, 사마리아 사람

인생을 살다 보면 누구나 한 번쯤은 절박한 기도를 드리게 됩니다. "하나님, 제발 이 문제만 해결해 주세요." "이 상황만 벗어나게 해 주세요." 그 순간의 기도는 간절합니다. 속삭임이 아니라 울부짖음입니다. 사람의 힘으로 감당할 수 없는 문제 앞에서 우리는 하늘을 향해 부르짖습니다. 그런데 그렇게 간절히 기도하던 일이 이루어졌을 때, 우리는 어떻게 반응합니까?

누가복음 17장에는 열 명의 나병환자가 등장합니다. 그들은 멀리서 예수님을 향해 외칩니다.

"예수님, 우리를 불쌍히 여기소서!"

이 외침은 단순한 부탁이 아니라 생존을 건 절규였습니다. 당시 나병, 곧 한센병은 단순한 피부병이 아니었습니다. 그것은 곧 죽음 선고와 같았습니다. 살을 썩게 하고, 신경을 마비시키며, 손가락과 발가락 끝을 무너뜨리는 무서운 병이었습니다. 뿐만 아니라 육체적 고통을 넘어 사회적·종교적 격리로 이어졌습니다. 나병환자는 가족과 공동체에서 쫓겨났고, 성 밖에서 살아야 했으며, 누군가 다가오면 "나는 부정하다" 소리쳐 자신을 경계시켜야 했습니다. 육체뿐 아니라 마음까지 병들고, 고립 속에서 인간 존엄까지 무너지는 고난의 상징이었습니다.

그런 그들이 예수님께 달려올 수 없기에 멀리서부터 울부짖습니다. 예수님은 그들의 부르짖음을 외면하지 않으셨습니다. 그리고 이렇게 말씀하십니다.

"가서 제사장들에게 너희 몸을 보이라." (눅 17:14)

이는 구약 율법에 따라 병이 나은 것을 공식적으로 증명 받으라는 의미였습니다. 놀라운 사실은 그들이 말씀을 따라 순종하여 가는 길에서 병이 나았다는 점입니다. 순종하는 믿음 속에서 기적이 일어난 것입니다. 그런데 여기서 이야기는 반전됩니다. 열 명 모두 병 고침을 받았지만 감사하러 돌아온 이는 오직 한 사람이었습니다. 그리고 성경은 그 한 사람이 '사마리아 사람'이었다는 것을 강조합니다. 사마리아인은 어떤 사람들이었습니까? 그들은 유대인들과 섞여 살며 혼혈된 민족으로, 순혈 유대인들에게 경멸과 멸시를 받았습니다. 성전 출입도 금지되었고, 종교적으로도 배척당했습니다. 사마리아 사람은 당시 유대 사회에서 '죄인'과 다름없는 취급을 받았습니다. 그런데 바로 그가 돌아와 예수님께 감사를 표합니다.

"큰 소리로 하나님께 영광을 돌리며 돌아와, 예수의 발 아래에 엎드리어 감사하니 그는 사마리아 사람이라."

이 대목은 깊은 울림을 줍니다. 기적을 경험한 것은 열 명이었지만, 감사로 반응한 것은 오직 한 명. 소외된 자, 비천한 자, 멸시받던 자가 오히려 가장 큰 믿음의 고백을 올렸습니다. 감사는 조건이나 지위에서 나오지 않습니다. 마음에서 나옵니다. 깨달음에서 나옵니다. 예수님은 말씀하십니다.

"열 사람이 다 깨끗함을 받지 아니하였느냐? 그 아홉은 어디에 있느냐?" (눅 17:17)

그리고 돌아온 그 사마리아인에게 이렇게 선언하십니다.

"일어나 가라. 네 믿음이 너를 구원하였느니라." (눅 17:19)

여기서 주목할 점은 열 명 모두 육체적 치유를 받았지만 구원의 선언은 감사하러 돌아온 단 한 사람에게만 주어졌다는 것입니다. 예수님께서는 그 한 사람에게 말씀하셨습니다.

"일어나 가라. 네 믿음이 너를 구원하였느니라."

감사는 단순한 예의가 아니다, 믿음의 완성이다

이것이 말해주는 핵심은 단순합니다. 감사는 단순한 예의가 아닙니다. 감사는 믿음의 완성입니다. 감사는 구원의 열매입니다. 측량할 수 없는 은혜를 받았다면 당연히 감사로 표현하여 드러내야 합니다. 받은 것을 받았다고 인정하고 그 은혜를 감사로 보답해야 하는 것입니다.

"예, 제가 받았습니다. 주님, 감사합니다."

인생에서 중요한 것은 마음만이 아닙니다. 표현입니다. 표현에는 능력이 있고, 표현에는 실력이 필요합니다. 아무리 사랑해도 표현하지 못하면 결혼할 수 없습니다. 아무리 존경해도 표현하지 못하면 관계가 맺어지지 않습니다. 아무리 은혜를 받아도 감사하지 않으면 은혜가 열매 맺지 못합니다.

찰스 스펄전 목사님은 이런 말을 남겼습니다.

"사람들은 은혜는 물에 새기고, 원수는 바위에 새긴다."

얼마나 날카로운 통찰입니까? 우리는 받은 은혜는 너무 쉽게 잊어버리고, 받은 상처는 너무 오래 붙잡고 살아갑니다. 그러나 성숙한 사람과 미숙한 사람의 차이는 여기에 있습니다. 감사할 줄 아느냐, 아니냐. 작은 것이라도 받은 은혜가 있으면 감사하십시오. 그 감사가 축복을 관리하고 가꾸는 지혜가 됩니다. 예수님은 기분파가 아닙니다. 하지만 성경은 분명히 보여줍니다. 감사하는 사람에게 주님은 더 큰 것을 맡기십니다. 목회자도 마찬가지입니다. 교인들이 감사를 고백할 때, 더 힘이 납니다. 목회만이 아닙니다. 모든 관계, 모든 사역, 모든 인생에서 그렇습니다.

고백하십시오. 표현하십시오.

"감사합니다!"

이 한마디가 더 큰 복을 여는 열쇠가 됩니다.

감사는 단순한 예의가 아닙니다. 그것은 믿음의 열매이며, 하나님을 향한 기억의 고백입니다. 신명기에는 "기억하라"는 말씀이 반복됩니다. 하나님은 이스라엘에게 말씀하십니다. 광야의 여정을 잊지 말라. 만나를 먹던 날, 구름 기둥과 불 기둥을 따르던 날, 반석에서 물이 터지던 날을 기억하라. 왜냐하면 그 은혜를 잊지 않는 것이 바로 믿음이기 때문입니다. 감사는 상황이 좋아야 비로소 나오는 반응이 아닙니다. 감사는 하나님의 은혜를 아는 사람이 마땅히 품고 살아야 할 태도입니다. 가진 것이 많아서 감사하는 것이 아니라 하나님의 사랑을 받았기 때문에 감사하는 것입니다. 그래서 감사는 믿음이 없는 사람에게는 결코 나올 수 없는 고백입니다. 그리고 감사는 마음속에 머무를 때보다, 삶의 행동으로 드러날 때 가장 빛납니다. 누가복음 7장에는 죄인으로 여겨지던 한 여인이 향유를 들고 예수님 앞에 나옵니다. 그녀는 자신의 많은 죄가 용서받은 사실에 감격하여, 예수님의 발에 향유를 붓고 눈물로 씻으며 머리카락으로 닦습니다. 그 향유는 당시 일 년 치 품삯에 해당하는 값비싼 것이었습니다. 그녀는 단지 말로가 아니라, 가장 귀한 것으로 예수님의 사랑에 감사를 표현한 것입니다.

저 역시 목회를 하면서 수많은 감사의 사람들을 만났습니다. 그러나 그 중 세 사람의 이야기는 제 마음에 깊이 새겨져 평생 잊을 수 없습니다. 한 분은 이미 주님의 부르심을 받은 고 최엽순 집사님입니다. 작고 소박한 체구에, 학문도 그리 많지 않던 평범한 할머니 집사님이셨습니다. 그런데 어디서 그렇게 신앙을 배웠는지, 흔히 말하는 '목사 바보'셨습니다. 제가 감기에 걸리거나, 목이 쉬었다 하면 제일 먼저 달려오셔서 걱정해 주셨습니다. 제가 담임목사가 되어 매일같이 소리 높여 기도하며 부르짖던 시절, 목이 자주 쉬곤 했는데, 어느 날부터인가 매달 계란 두 판을 손수 사 오셨습니다.

"목사님, 반숙으로 드시면 목이 툭 터질 것이요. 꼭 목사님만 드세요."

그때마다 저는 아내에게 말했습니다.

"여보, 이거 나만 먹으래?"

아내는 집사님의 본심을 알기에 정성스럽게 계란을 요리해서 주었습니다. 스스로 늘 작은 선물이다 하셨지만 사실은 전부를 주셨던 것입니다. 저는 계란 속에 담긴 최엽순 집사님의 감사 신앙을 선명하게 기억합니다. 지금도 저는 꽤 부흥회를 많이 다니는 목사이고, 기도도 큰 소리로 하는 편이지만 이상하게도 목이 쉽게 잠기지 않습니다. 그럴 때마다 저는 속으로 고백합니다. '최엽순 집사님의 기도 때문입니다.'

또 한 분 잊지 못하는 주인공은 고 조준석 집사님입니다. 그분은 유교 사상에 깊이 빠져있었던 우리 교회 권사님의 남편이었습니다. 우리의 처음 만남은 암 수술을 앞두고 있는 그를 위로하기 위해 심방했을 때인데, 노골적으로 화를 내고, 불편함을 드러냈던 분이셨습니다. 하지만 제 진심을 받아들인 후 우리 교회에 등록하시고 나서는 매일 새벽 예배를 빠지지 않으셨습니다. 신앙을 갖고 난 후 항암 치료를 받는 고통 중에도 예배 자리를 지키셨습니다. 제가 기억하는 조 집사님은 죽음 앞에서도 감사했던 사람입니다.

"목사님, 감사합니다."

이 말이 그의 입에서 가장 많이 나온 말이었습니다. 특히 감동

적이었던 건, "공자의 가르침과는 비교할 수 없는 십자가의 도를 깨우쳐 주서서 감사합니다."라고 고백하시던 그 순간이었습니다. 숨이 넘어가기 직전 병원 심방을 갔을 때도, 그는 "감사하다"고 했습니다. 감사는 단순한 습관이 아니라, 신앙의 깊이입니다. 죽음 앞에서도 감사할 수 있다면, 그 사람은 이미 천국을 맛본 사람입니다.

마지막으로 잊을 수 없는 감사의 사람은 이종현 장로 부부입니다. 이 가정은 그저 교회를 오래 다닌 '신실한 부부' 정도로 소개하기엔, 마음이 뭉클해질 만큼 많은 이야기를 품고 있습니다. 중고등부 시절, 우리 교회에서 만나 연애하고 결혼까지 이어진 이들은 말 그대로 청사 커플입니다. 형님이 먼저 신앙의 길을 걸었고, 그 발자국을 따라 동생도 우리 교회를 섬기게 되었습니다. 그러나 여러 차례 언급했듯 교회가 아팠습니다. 다툼이 일었고, 성도들의 마음에 상처가 번졌습니다. 이때 신앙의 뿌리를 내린 바로 그 자리에서 떠나야 하나, 수없이 고민하며 기도하던 때가 있었다고 합니다.

그 시기에 제가 부임했습니다. 그들은 말없이 자리를 지키고 있었습니다. 저는 단지 목회를 시작했을 뿐인데, 그들 안에서 무너졌던 희망이 다시 움트기 시작했습니다. 예배 시간마다, 찬양

속에서 터지는 감사의 단성. 기도의 눈물이 예배당을 적셨고, 어느새 그들의 눈빛이 다시 빛나기 시작했습니다. 회복은 그렇게 조용히, 그러나 분명하게 시작되고 있었습니다. 그러던 어느 날, 두 분이 조심스레 저를 찾아왔습니다.

"목사님, 차 한 대 사드리고 싶습니다."

말문이 막혔습니다. 퇴직금을 중간 정산해서 목돈이 생겼는데, 그 첫 열매를 목사님께 드리고 싶다고 했습니다. 이유는 단 하나.

"죽을 뻔했던 순간에, 목사님이 오셔서 우리가 살게 되었어요."

그 말 한마디에 온 몸이 뜨거워졌습니다. 살면서 그런 고백을 몇 번이나 들을 수 있을까요? 당회에서 상의했고, 모든 장로님들이 기쁨으로 동의해 주셨습니다. 그렇게 저는 기아자동차의 가장 인기 있던 K7 승용차를 선물로 받게 되었습니다. 부임한 지 채 1년도 되지 않았던 때였습니다. 꿈인가 생시인가 싶었습니다. 하지만 그것은 단순한 차량 한 대의 선물이 아니었습니다. 그것은 병들었던 교회가 다시 숨을 쉬기 시작했다는 신호였고,

깨어졌던 목회자와 성도 사이의 관계가 회복되고 있다는 증거였습니다.

차는 그 후 1년이 지나 다시 팔아 헌금으로 드렸지만, 그 순간만큼은 교회 전체에 감사가 흘렀고, 눈물이 맺혔으며, 회복이 느껴졌습니다. 지금도 이 장로님 가정은 누구보다 가까운 거리에서 저를 섬깁니다. 목사가 힘들까 염려하고, 때로는 말하지 않아도 먼저 알아차리고, 항상 따뜻한 식탁과 정성스런 기도로 곁을 지켜줍니다. 이 가정을 통해 '샬롬스쿨'이라는 위대한 교육 선교도 시작되었습니다. 교회의 미래를 위한, 믿음의 다음 세대를 키우는 씨앗이 심어진 것입니다.

다시 말하지만 감사는 감정이 아니라 습관입니다. 감사는 마음의 느낌이 아니라 믿음의 완성입니다. 많은 사람이 "하나님께만" 감사한다고 말합니다. 그러나 참된 감사는 입체적이어야 합니다. 은혜를 받았으면, 그 은혜가 흘러온 통로에게도 감사로 고백할 줄 아는 사람이 되어야 합니다.

받은 은혜 앞에 항상 감사하면서 이 땅에서도 천국을 살자

오늘 우리에게도 하나님은 수많은 은혜를 부어주셨습니다. 우리나라 대한민국이 이렇게까지 발전할 수 있었던 이유는 무엇입니까? 사실 세계사 속에서 우리보다 훨씬 유리한 조건을 가진 나라들이 무너진 경우도 많았습니다. 그러나 한국은 전쟁, 분단, 독재, IMF, 코로나 팬데믹을 지나오면서도 건재했습니다. 그것은 단순한 경제력 때문이 아닙니다. 눈에 보이지 않는 하나님의 손길, 이 땅을 위해 울부짖는 수많은 성도의 기도가 있었기 때문입니다. 이제는 우리가 그 은혜를 잊지 않고 돌아와야 할 때입니다. 주님의 발 아래에 엎드려야 할 때입니다. 기도할 때는 밤을 새우고 금식까지 하면서 간절했는데, 응답받은 뒤에는 너무 빨리 일상으로 돌아가 버리는 모습에서 벗어나야 합니다. 숨 쉬고, 밥을 먹고, 가족을 보고, 예배를 드릴 수 있는 오늘. 그것만으로도 감격할 수 있는 사람이 되어야 합니다.

감사는 한 번의 고백으로 끝나지 않습니다. 그것은 삶의 습관이자 믿음의 태도로 항상 드러나야 합니다. 요셉은 노예로 팔려가고, 억울한 감옥에 갇히면서도 "왜?"를 묻지 않았습니다. 그가 말년에 고백한 것은 "하나님이 나를 보내셨습니다"라는 감사였습니다. 다윗은 자신의 목숨을 쫓는 광야에서도 "여호와는 나의 목자시니 내게 부족함이 없으리로다"라고 고백했습니다.

우리는 지금 어떤 사람입니까? 열 명 중 아홉 명입니까, 아니면 돌아와 감사를 표시한 한 명입니까? 하나님이 주신 수많은 은혜 앞에서 "주님, 감사합니다"라고 고백하고 있습니까? 아니면 "이건 당연한 일이지"라며 무감각해져 있습니까? 성경은 우리에게 분명히 말합니다. 은혜는 감사로 고백되어야 한다고. 입술로 표현된 감사가 은혜의 완성이 된다고. 오늘날 성도의 삶이 확장되지 못하고, 성장이 막히는 이유 중 하나는 바로 이 '감사'가 입체적으로 실천되지 않기 때문입니다. 불평과 원망이 우리의 습관이 되어버렸습니다. 주일 예배를 마치고 나가며 "오늘 말씀은 왜 저랬을까?", "찬양팀은 왜 그랬을까?" 사역회나 소그룹 모임에서 "우리 교회는 왜 이런 거지?", "목사님은 왜 저렇게 하지?" 자신의 교회를 비방하고, 주의 종을 향한 원망을 쏟아냅니다. 이건 이스라엘 백성의 고질병이었습니다. 광야에서 만나를 먹고, 반석에서 물이 터지는 기적을 보면서도 그들은 끊임없이 "왜 고기가 없느냐", "왜 애굽에서 나왔느냐" 불평하고, 불평하고, 또 불평했습니다. 세상에 어떤 이방 종교도 자신의 교주를 욕하지 않습니다. 그런데 교회 안에서는 너무 자주 그 일이 일어납니다. 그 결과 교회는 약해지고, 다음 세대는 실망하고, 자녀들은 부모의 뒷모습을 보고 교회에 마음을 닫아버립니다. 왜 교회에 가지 않느냐고 물으면 "우리 부모가 집에서 교회를 욕하는 걸 보고 실망했어요.", "우리 아빠가 목사 욕하는 걸 듣고, 그게 싫어서 안 나가요."

돌아보면 불평할 이유는 없습니다. 평생 감사하며 살아도 그 은혜를 다 갚지 못할 만큼 우리는 이미 많은 것을 받은 자들입니다. 호흡할 수 있음에 감사해야 합니다. 먹을 수 있음에 감사해야 합니다. 주님의 이름을 부를 수 있음에 감사해야 합니다. 이 작은 일상의 감사가 우리를 살리고, 교회를 살리고, 가정을 살립니다. 감사는 단순한 예의가 아닙니다. 감사는 믿음의 실력입니다. 감사는 영적 성숙의 열매입니다. 감사하지 않는 자는 결국 지옥을 삽니다. 불평의 지옥, 원망의 감옥 속에서 스스로를 가둡니다. 감사하는 자만 천국을 살 수 있습니다. 오늘 하루 속에서도 하나님의 나라를 맛보며 기쁘게 삽니다.

02

나는 여호와로 말미암아 즐거워하리로다

"나는 여호와로 말미암아 즐거워하며 나의 구원의 하나님으로 말미암아 기뻐하리로다." (합 3:18)

시대적 상황은 지옥 같아도 하박국처럼 구원의 하나님으로 인해 기뻐하자

하박국. 그의 이름은 '껴안다', '포용하다'(embrace)는 뜻을 지녔습니다. 어쩌면 그의 삶 자체가 그러했을지도 모릅니다. 의심과 고통, 그리고 그 모든 혼란을 끌어안은 사람. 그리고 결국, 하나님의 품을 껴안은 사람. 하박국은 위기의 시대를 살았습니다. 남유다는 타락했고, 정의는 무너졌으며, 악인이 의인을 삼키는 세상이었습니다. 그래서 그는 이렇게 부르짖었습니다.

> "어찌하여 내게 죄악을 보게 하시며 패역을 눈으로 보게 하시나이까 겁탈과 강포가 내 앞에 있고 변론과 분쟁이 일어났나이다." (합 1:3)

그는 하나님께 항변합니다. 그러나 하나님의 대답은 더욱 충격적이었습니다. 갈대아, 즉 바벨론을 일으켜 남 유다를 심판하시겠다는 것이었습니다. "더 악한 자를 통해 덜 악한 자를 심판하신다고?" 하박국은 심장이 찢어질 것 같은 아픔을 느꼈습니다.

> "믿음이 깊어질수록, 하나님께 던지는 질문도 깊어진다." - 필립 얀시, 『하나님, 당신께 실망했습니다』

하박국은 온몸을 떨며 절망을 경험합니다.

> "내가 들었으므로 내 창자가 흔들렸고 그 목소리로 말미암아 내 입술이 떨렸도다 무리가 우리를 치러 올라오는 환난 날을 내가 기다리므로 썩이는 것이 내 뼈에 들어왔으며 내 몸은 내 처소에서 떨리는도다." (합 3:16)

여기서 '창자'는 히브리어로 '베텐'(בֶּטֶן, belly, body, womb), '인간 감정의 가장 깊은 뿌리'를 의미합니다. 하박국은 심장의 근저까지 흔들리고 있었습니다. 두려움이 몰려왔고, 온몸이 떨렸습니다. 그러나 바로 그 자리에서, 그는 놀라운 고백을 합니다.

"나는 여호와로 말미암아 즐거워하며, 나의 구원의 하나님으로 말미암아 기뻐하리로다." (합 3:18)

상황이 나아져서가 아니었습니다. 고통이 사라져서가 아니었습니다. 오히려 상황은 그대로였고, 더 악화될 예정이었습니다. 그럼에도 그는 기뻐하겠다고 선언합니다.

"진정한 기쁨은 상황이 아니라, 하나님 자신으로부터 온다." - C.S. 루이스, 『순전한 기독교』

하박국은 알았습니다. 구원은 감정이 아니라 사실이라는 것을. 하나님의 약속은 느낌이 아니라 진리라는 것을. 출애굽기에서, 장자의 죽음이 임할 때, 이스라엘 백성은 문설주에 어린양의 피를 발랐습니다.

"내가 피를 볼 때에 너희를 넘어가리니…." (출 12:13)

그들은 죽음의 사자를 보지 못했습니다. 느낄 수도 없었습니다. 그러나 하나님의 약속은 정확히 이루어졌습니다. 오늘도 마찬가지입니다. 우리는 때로 느끼지 못합니다. 상황은 흔들립니다. 그러나 구원은 여전히 사실입니다.

> "하나님은 우리의 감정을 따라 움직이시는 분이 아니다. 하나님은 그분 자신의 약속에 따라 신실하게 일하신다." - 마틴 로이드 존스, 『구원과 확신』

하박국은 다시 고백합니다.

> "주 여호와는 나의 힘이시라." (합 3:19)

내 힘이 아니라, 내 능력이 아니라, 주님이 나의 힘이시라. 하나님이 힘이 되실 때, 환경은 문제가 되지 않습니다. 고난이 우리를 무너지게 할 수 없습니다. 하박국은 말합니다.

> "그가 나의 발을 사슴과 같게 하사, 나를 나의 높은 곳으로 다니게 하시리로다." (합 3:19)

사슴은 높은 곳을 빠르게 달리는 동물입니다. 위험하고 험한 절벽 위에서도 뛰어다닙니다. 하나님은 우리로 하여금 고난을 뛰어넘게 하십니다.

> "고난은 우리의 발을 높은 곳으로 옮기려는 하나님의 손길이다." - 헨리 나우웬, 『상처입은 치유자』

오늘 우리의 삶도 고난을 만납니다. 삶의 무게에 심장이 흔들릴 때가 있습니다. 뜻밖의 사건이 삶을 뒤흔들 때가 있습니다. 그러나 그때, 하박국처럼 고백해야 합니다. 주님이 나의 힘이시고, 주님이 나의 구원이시며, 주님이 나를 높은 곳으로 이끄실 것이기 때문에 기뻐해야 합니다. 눈물이 있더라도, 고난이 지속되더라도, 결국 우리는 승리할 것입니다.

> "하나님을 끝까지 신뢰하는 자에게, 마지막 장은 언제나 영광이다."
> - 존 파이퍼, 『하나님을 기뻐하라』

하박국은 창자가 흔들리는 절망의 순간 속에서도 찬양을 선택했습니다. 소망의 근거가 보이지 않았고, 현실은 여전히 황폐했습니다. 무화과나무에 열매가 없고, 외양간에 송아지가 없었습니다. 그러나 그는 기쁨을 선택했습니다. 구원의 하나님을 노래했습니다. 바로 이것이 믿음입니다. 믿음은 감정이 아닙니다. 믿음은 결단입니다. 믿음은 현실의 조건을 붙드는 것이 아니라, 하나님의 약속을 붙드는 것입니다. 오늘도 선택하십시오. 슬픔 대신 기쁨을, 절망 대신 찬양을, 두려움 대신 신뢰를 택하십시오. 이 믿음으로, 오늘을 살아내십시오.

감사의 고백이 막힌 말문을 열어 주었다

저는 부교역자 시절, '감사를 선택한다는 것'이 얼마나 깊은 믿음의 행위인지 깨닫게 된 잊을 수 없는 사건이 있었습니다. 어느 권사님의 막내아들이 실종되는 일이 벌어졌습니다. 아무리 찾아도 소식은 묘연했고, 경찰서에 실종 신고를 하고, CCTV를 추적해 보니 마지막 행적은 한강 근처였습니다. 그다음 장면은 존재하지 않았습니다. 며칠 후, 그 아들의 시신이 한강에서 떠올랐습니다. 너무도 신실하신 권사님이셨기에 온 교회가 충격과 슬픔에 잠겼습니다. 심방 담당이었던 저는 그 가정을 찾아갔습니다. 그러나 도무지 위로할 말을 찾을 수 없었습니다. 목사라는 이름이 무색할 만큼, 저는 그저 침묵한 채 옆에 서 있을 수밖에 없었습니다. 그런데 그 권사님이 먼저 입을 열었습니다.

"그래도 감사해요. 시신을 찾아서요. 시신을 찾았으니… 이제 묻고 나면 잊을 수 있겠죠."

저는 그 말 앞에서 무너졌습니다. 감사의 고백이 통곡보다 더 깊게 울렸습니다. 실제로 시신을 찾지 못하면 그 가족은 평생 장례를 마치지 못한 채 살아가야 한다고 들은 적이 있습니다. 그 권사님의 고백은 그때부터 우리의 말문을 열어 주었습니다. 상황은 그대로였지만, 감사를 결단하는 순간부터 새로운 믿음의 대화가 시작되었습니다. 그 집안에 새 역사가 시작된 자리였습니다.

지금 우리가 해야 할 일은 바로 이 감사의 결단입니다. 세상을 둘러보십시오. 희망은 사라진 듯 보이고, 정치는 혼란스럽고, 경제는 하루가 다르게 요동칩니다. 교회조차 상처받은 사람들로 가득합니다. 국회에서도, 법조계에서도, 교계에서도 뚜렷한 소망의 목소리는 들리지 않습니다. 모든 것이 막힌 듯, 답답하고 혼란스럽습니다. 그러나 이때 우리가 붙들어야 할 것은 단 하나입니다. "나는 여호와로 말미암아 감사하리로다"라는 신앙의 결단입니다. 보이는 현실에 끌려가는 것이 아니라 구원의 하나님을 붙드는 믿음의 감사입니다. 하박국 선지자가 절망의 시대에 외쳤던 그 고백처럼, 지금 우리에게 필요한 것은 감정의 감사가 아니라 결단의 감사입니다. 그 결단이 절망을 통과해 소망의 문으로 들어가는 열쇠가 될 것입니다.

  우리 교회에는 '새가족영접사역회'라는 부서가 있습니다. 처음 교회에 오시는 분들을 따뜻하게 맞이하고, 교회를 소개하며 안내하는 소중한 사역입니다. 이 부서를 처음 세울 때, 저는 어떤 사람을 세워야 할지 고민이 많았습니다. 그런데 어느 날, 성령께서 제 마음에 분명한 음성처럼 지혜를 주셨습니다. "담임목사와 교회에 가장 감사와 감격이 넘치는 사람을 세우라." 정말 신선한 감동이었습니다. 그러나 곱씹을수록 틀림없는 말씀이었습니다. 감사와 감격이 넘치는 사람이 교회의 문을 지켜야 합니다. 그 사람은 이미 얼굴빛이 다릅니다. 교회를 소개하는 말투도 다릅니다. 신앙 고백이 살아 있습니다. 감사한 자가 문을 지킬 때 교회는 따뜻해지고, 그 문은 소망의 문이 됩니다. 저는 이 자리를 빌려 감히 제안하고 싶습니다. "교회의 문은 감사가 넘치는 사람이 지켜야 한다"고. 그 사람이 곧 교회의 첫 인상이며, 현관입니다. 우리 교회 부흥, 성장의 비밀 노하우 중 하나가 새가족영접사역회의 감사 신앙입니다.

  하박국은 현실을 정면으로 보면서도, 그 끝에서 구원의 하나님을 향해 노래하는 신앙의 사람이었습니다. 그리고 오늘, 우리 역시 같은 길에 서 있습니다. 모든 상황을 통과한 끝에 우리가 마지막으로 붙들 것은 단 하나, 감사의 고백입니다.

"비록 무화과나무가 무성하지 못하며 포도나무에 열매가 없으며 감람나무에 소출이 없으며 밭에 먹을 것이 없으며 우리에 양이 없으며 외양간에 소가 없을지라도 나는 여호와로 말미암아 즐거워하며 나의 구원의 하나님으로 말미암아 기뻐하리로다."

이 믿음이 우리를 살릴 것입니다. 이 고백이 가정을, 교회를, 시대를 밝히는 빛이 될 것입니다. 오늘 다시 결단합시다. 눈물이 있어도 감사하고, 아픔이 있어도 감사하고, 답이 없어도 하나님을 붙드는 이 하박국의 찬송을 우리의 찬송으로 삼읍시다. 그 감사의 입술 위에, 하나님의 역사가 임할 것입니다.